# LA
# TERREUR

OU

# LA COMMUNE DE PARIS

## EN L'AN 1871,

DÉVOILÉE

## Par W. DE FONVIELLE,

Condamné à mort par la Commune.

---

### TROISIÈME ÉDITION.

---

### SOMMAIRE :

La Commune des Parisiens. — L'historique des Communes.
Portraits des membres de la Commune.—Les relations de l'auteur avec chacun d'eux.
Lefrançais, ancien instituteur dégommé.
Son emploi chez Richer. — La barbe de Mme Lefrançais.
Delescluze, parasite de Ledru-Rollin. — L'inventeur de la manifestation Baudin.
Ses journaux, *l'Exposition universelle;* le *Réveil.*
Cournet. — Félix Pyat, le Pontife de la Commune. — Ses décrets.
Blanqui. — Ses condamnations à mort.
Demande de la Commune d'échanger Blanqui contre l'archevêque de Paris.
Verdure, ex-caissier de la *Marseillaise.*
Sa fille Marie, ses exploits. — Courbet. — Ses visites aux brasseries.
Ses décorations.— Motifs de sa haine contre la colonne Vendôme —Ulysse Parent.
Sa femme modiste au quartier Breda.
Le coup de pied de l'agent de police André. — Le zouave Jacob.
Mme Floquet. — L'argent de Rouher.
Vermorel vendu, mais non livré.— Sa mort anticipée.—Les soufflets de Cassagnac.
Gustave Flourens. — *Paris livré* et l'éditeur Guillaumin.
Le dernier dîner de l'auteur avec Flourens après sa condamnation à mort.
Projet d'évasion concerté avec Albert Alexandre.
Son duel avec Cassagnac.
Mort de Flourens. — Insulte à son convoi. — Le général Duval, le modeleur.
Robert Macaire grand communard.

---

## BRUXELLES

## AU BUREAU DU PETIT JOURNAL

26, RUE DE L'ÉCUYER, 26.

### 1871

# LA TERREUR

OU

# LA COMMUNE DE PARIS

EN L'AN 1871,

DÉVOILÉE

## PAR W. DE FONVIELLE,

Condamné à mort par la Commune.

BRUXELLES

AU BUREAU DU PETIT JOURNAL,

26, RUE DE L'ECUYER, 26.

1871

# SOMMAIRE :

La Commune des Parisiens.— La Commune des Francs-Maçons.
— La Commune des Prussiens. — L'historique des Communes.
— Abeilard-Marcel et Grommier. — Caboche le boucher. — Portraits des membres de la Commune. — Les relations de l'auteur avec chacun d'eux. — Lefrançais, ancien instituteur dégommé.— Son emploi chez Richer. — La barbe de M^me Lefrançais. — Miot l'octogénaire. — Ses démêlés avec Raspail et Blanqui. — Delescluze, parasite de Ledru-Rollin. — L'inventeur de la manifestation Baudin. — Les journaux, l'Exposition universelle; le *Réveil.* —Cournet.— Le duel de Cournet père contre Barthélemy, ancien forçat. — Ce qu'était Barthélemy. — Félix Pyat, le Pontife de la Commune. — Ses décrets. — Blanqui. — Ses condamnations à mort. — Son évasion après l'affaire de mai. — Sa dénonciation contre Barbès. — *Demande de la commune d'échanger Blanqui contre l'archevêque de Paris.* — Beslay, banquier, échangiste. — Son intimité avec Proudhon. — Verdure, ex-caissier de *la Marseillaise.* — Sa fille Marie, ses exploits. — Courbet. — Ses visites aux brasseries.—Décoration.—Motifs de sa haine contre la colonne Vendôme. — Rogeard, ses *Propos de Labienus.* — Ulysse Parent. — Sa femme modiste au quartier Breda. — Le coup de pied de l'agent de police André. — Le citoyen Floquet. — Le Prussien sur l'Orient de la loge 133. — Le zouave Jacob. — M^me Floquet. — Les démissions de Floquet. — Ranc. — Paschal Grousset, le muscadin. — Sa lutte contre Rochefort. — Jules Alix. — Le gymnase Tryat. — Ote-toi de là que je m'y mette.— Versailles et une porte de Paris. — Arthur Arnould. — Son emploi chez Haussmann. — Jules Vallès. — Les harengs du père Richard. — L'argent de Rouher. — Vermorel vendu, mais non livré. — Sa mort anticipée. — Les soufflets de Cassagnac. — Cluseret. — Ses actes. — L'incarcération de Bergeret. — Mazzini et Bismarck. — Élysée Reclus. — Ses articles dans la *Revue des Deux-Mondes.* — Son frère Élie. — Leurs femmes. — Lockroy. — Sa conduite avec Thiers. — Henri Rochefort. — Sa *Lanterne.* — Son *Mot d'ordre.* — Gustave Flourens. — *Paris livré* et l'éditeur Guillaumin. — Le dernier dîner de l'auteur avec Flourens après sa condamnation à mort.— Projet d'évasion concerté avec Albert Alexandre.— Son duel avec Cassagnac.— L'impétueux Lullier.— Mort de Flourens. — Insulte à son convoi. — Le général Duval, le modeleur. — Arrestation du général Chanzy. — La préfecture de police. — La Commune et les aérostiers.— Évasion des membres de la Commune.— Robert Macaire grand communard.

# LA
# COMMUNE DE PARIS.

## La Commune et les Parisiens.

—

Dans les premiers jours de leur triomphe éphémère, les insurgés qui ont pris pour drapeau la revendication des droits de la commune de Paris ont balbutié timidement quelques arguments étrangers pour révéler aux populations surprises qu'ils comptaient, comme jadis Louis XVIII, après Leipzig et Waterloo, rattacher la chaîne des temps, et qu'ils venaient accomplir l'œuvre de l'émancipation des communes commencée par Louis le Gros.

La presse républicaine s'est montrée médiocrement touchée d'apprendre qu'on faisait assister la France à tant de scènes horribles pour compléter une révolution vieille de 66 ans.

Les conspirateurs prussiens, italiens, américains pour

la plupart qui sont accourus à cette curée universelle, nous ont été présentés comme étant destinés à couronner l'édifice fondé à Laon. C'est par des considérations historiques que ces novateurs si téméraires ont essayé d'excuser l'attentat prémédité, exécuté contre notre souveraineté nationale au nom de libertés municipales dont nous aurions bien le droit de ne point vouloir après tout. Serait-on fusillé au nom de la liberté conquise par le citoyen Delescluze, si l'on préférait le régime du baron Haussmann à celui du citoyen Verdure et la musique de Paganini à celle du citoyen Billioray.

Ces allégations étranges sont une sorte d'hommage burlesque rendu à la raison par les inconnus qui sont sortis de l'ombre pour mettre au pillage nos caisses et nos droits. Les chefs de ces bandes étrangères devraient avoir d'autres arguments que la fusillade pour s'implanter chez nous.

Nous autres vrais Parisiens, qui sous aucun prétexte n'abdiquerions notre nationalité, nous avons le droit de nous étonner que des Français renégats, des Polonais élevés à Saint-Pétersbourg, des Italiens mâtinés de Croate, des Berlinois de la plus belle eau viennent nous chasser de notre ville natale sous prétexte qu'il faut y établir une commune dont nous ne nous soucions en aucune façon.

En effet, nous avons appris dès notre enfance à nous préoccuper beaucoup des libertés de la France et fort peu des libertés de Paris. Que dis-je? nous avons été jusqu'à sacrifier, sans qu'il nous en coûtât un regret, à la République naissante toutes les libertés de notre cher Paris. Quand nous avons combattu pour fonder la République de Février, quand certains généraux de la Commune, alors à la solde de Louis-Philippe, fusillaient nos frères, nous avons généreusement donné le suffrage universel à tous. Nous nous sommes contentés d'une commission municipale pour régler nos affaires de clocher !

Nous ne nous laisserons point toucher par les bruyantes protestations de coquins si peu célèbres qu'ils ont pu garder l'anonyme tout en signant de leurs noms. Nous savons bien que les inconnus qui ont envahi l'hôtel de ville sous prétexte de conserver les canons de Montmartre ne se préoccupent de notre commune, pas plus que nous ne nous préoccupons nous-mêmes des communes de New-York, de Rouen et même de Berlin. Nous savons bien, hélas ! que nous sommes tombés entre les mains d'une bande de canailles internationales, obéissant à un mot d'ordre qu'ils ne comprennent pas plus, qu'ils ne connaissent pour la plupart ceux qui les font marcher. On peut dire (phénomène unique peut-être dans nos annales) que Paris, ville de publicité et de lumière, est gouvernée par des hommes masqués !

Ah ! c'est bien le cas de dire avec notre pauvre Béranger :


Hommes noirs d'où sortez-vous ?


Car jamais bande plus noire ne s'est montrée sanglante sous le « glorieux haillon. »

Faire de l'histoire même frelatée comme le général Dombrowsky faisait des billets, les hommes qui siégent à l'hôtel de ville en sont profondément incapables, eux qui savent à peine l'orthographe nécessaire pour faire comprendre leurs bons de réquisition. Quels sont donc les croupiers d'idée qui alimentent leur polémique, et qui doivent demeurer à quelque distance de Paris, à en juger au temps qu'ils mettent à répondre aux questions indiscrètes. Car la fusillade est la seule chose qu'ils aient jusqu'à ce jour trouvé le moyen d'improviser.

Un trait de lumière sur la situation, c'est que les grotesques érudits de la Commune s'entendent à merveille avec les archéologues du gouvernement prussien. Ils prétendent venir, eux aussi, de l'époque où régnait le droit féodal et le droit divin, dont la Prusse monarchique et conquérante s'est ouvertement éprise. Leur argumentation sent l'époque où l'on mettait un paratonnerre sur le casque des soldats. Communards et *Juncker* semblent avoir puisé aux mêmes sources du vieux droit germanique, les uns et les autres semblent avoir pour idéal de faire remonter à l'humanité le fleuve des destinées. L'empire d'Allemagne avait sa confédération de villes libres du temps où les crapauds de Prusse n'étaient point encore sortis de leurs marais polonais. Le Louis le Gros du xixᵉ siècle, celui qui rédigea la charte de la bonne ville de Paris ne serait-il point Sa Majesté l'empereur Guillaume? Est-ce que le prince de Bismarck ne serait point le greffier. N'est-ce point encore au nom de ces prétendus droits historiques que l'école pédante d'Allemagne a justifié l'amputation de la France; que l'on nous a enlevé nos forts d'Alsace et de Lorraine, dont ces faux partisans d'une fausse république universelle ont si lâchement oublié les souffrances et les patriotiques pensées! Ne rendraient-ils point un immense service à la Prusse quand ils ne feraient qu'occuper le tapis, que distraire l'attention européenne du grand crime international qui se perpètre en ce moment.

# La Commune et les Francs-Maçons.

—

Hier encore, en passant par Saint-Denis, j'ai vu briller sur les murs de cette pauvre cité captive une preuve que la Prusse sait vivre en bonne intelligence avec toutes les institutions que le temps a consacrées. Une belle affiche lilas s'étalait entre une proclamation du citoyen Thiers et une notification du prince royal de Saxe annonçant que, par suite de la déclaration d'état de siége, toutes les publications seraient soumises au contrôle de l'autorité germanique. Ce placard lilas, autour duquel s'était groupée une foule de badauds, était signé Montanier, obscur Vénérable d'une loge encore plus obscure que lui. Comment se faisait-il que cette planche maçonnique pût s'étaler en plein soleil prussien? Car le roi de Prusse a été solennellement traduit devant la loge suprême du rite écossais, sur les réquisitions du Frère Floquet, alors une des lumières de la loge 133. Le roi de Prusse aurait-il vu la lumière du temple de Salomon, puisque les balles des maîtres, au lieu d'aller chercher les Bismarck et les Guillaume, sont fondues pour les Arnaud, les Thomas et peut-être les Fonvielle aussi? Le factum de cet honnête tartufe qui se nomme Montanier explique pourquoi les afficheurs de cette planche n'ont point maille à partir avec le commandant d'étapes, pas plus que les amateurs de noyades qui veulent jeter du haut du pont du Canal les colonels de la garde nationale parlementaire, pas plus que les officiers-payeurs de la Commune qui viennent solder régulièrement les compagnies de marche pour qu'elles n'aillent point à Marly.

En effet, du haut de son Orient peu lumineux, le Vénérable Montanier adresse ses représentations maçonniques aux deux gouvernements français, à celui du rite de Versailles et à celui du rite de Paris. Il consacre pontificalement le schisme que la Prusse a tant d'intérêt à éterniser. Il engage l'Assemblée à traiter avec cette admirable Commune de Paris, si admirable que, si elle n'existait pas, la Prusse l'aurait certainement inventée ! ! !

## La Commune et les Prussiens.

—

Si l'on remonte à l'histoire de l'invasion de l'Empire romain, histoire que les barbares de 1871 ont apprise dans leurs écoles germaniques, on comprend la grande affection que la Prusse doit montrer, non-seulement pour la Commune de Paris, mais encore pour toutes les communes qui voudraient suivre l'exemple antipatriotique des communards de Paris. On ne comprend pas pourquoi les démocrates de 1871 auraient confiance dans l'esprit de clocher dont, jusqu'à ce jour, la démocratie a toujours eu horreur ; mais on n'est point étonné des tendresses subites que M. de Bismarck pourrait manifester pour les communards de Paris.

En effet, les communes opprimées par les empereurs ont pris pour patrons, pour défenseurs, les évêques, qui, surtout en Gaule, ont pactisé avec les barbares et ont ouvert les portes de l'empire à leurs bons amis les Francs ! Les communes improvisées mettent leurs évêques au dépôt de la préfecture, mais la démocratie a des évêques socialistes à qui la Prusse ne fait pas peur, témoin l'accueil fait au citoyen Frankel par les membres du conclave de l'hôtel de ville.

Si jamais un temps devait paraître peu favorable à l'émancipation communale, n'était-ce pas au moment où la France signe la triste paix qui consacre sa ruine? En effet, si cette nation guerrière et vaillante a été frappée d'impuissance, n'est-ce pas surtout parce qu'il a été impossible de coordonner les mouvements de soixante-dix départements, dès que Paris eût été séparé de la France par son investissement? Fut-il né à Suresnes, il est plus Prussien que le roi de Prusse, le général qui combat pour compléter la dislocation de la France, qui veut rendre définitif son abaissement en la morcelant en quarante mille parcelles indépendantes ! Les philosophes qui trouveraient un argument pour conseiller ce suicide national ne seraient que des complices du Machiavel de Berlin, quand bien même ils se nommeraient le Frère Fauvety ou le citoyen Renouvier !

Ne faut-il point être fou pour espérer un seul instant que les libertés municipales des agglomérations urbaines seraient suffisantes pour garantir les villes fédérées contre l'ignorance des populations rurales livrées sans contrôle à la merci des nobles et des prêtres? Si l'on échappait par miracle à la Prusse, ce serait pour tomber dans une affreuse Restauration.

Ne serions-nous pas tout préparés à devenir une autre Pologne, si notre contrée offrait le hideux spectacle de quelques îlots d'athéisme dressant inutilement leur tête orgueilleuse au milieu d'un océan de superstitions?

Est-ce que le droit communal à outrance prêché par ces faux fanatiques n'est pas destiné à dissoudre notre France aussi facilement que le *Liberum veto* des nobles de Pologne livra, il y a un siècle, la Pologne à la Prusse et à ses complices, l'Autriche et la Russie?

## La Commune et les ruraux.

Nous ne ferons point à nos lecteurs l'injure de croire qu'ils n'ont point compris d'eux-mêmes et sans vain appareil de fausse érudition tout ce qu'il y a d'odieux dans le sans-façon avec lequel les *communards*, nouveaux aristocrates de la blouse, traitent trente-trois millions de Français. Non, ces trente-trois millions de Français, quoiqu'ils ne soient pas *affranchis* chaque matin pour dix centimes par le citoyen Grousset, ne sont point un vil bétail taillable et corvéable à merci. Ces ruraux, comme on les appelle, ne sont point la vache à lait des communes pas plus qu'ils n'auraient dû l'être de l'empereur Napoléon III. Si Dieu a donné la France en bail aux mamelucks de l'hôtel de ville, je leur dirai ce que le général Bonaparte disait aux mamelucks d'Egypte : « Qu'ils montrent donc le bail que Dieu a passé avec eux. »

Rochefort a beau leur prodiguer le nom de rural, la démocratie ne veut pas qu'on fasse litière des droits de ces ruraux. Cette prétention serait au moins aussi odieuse que celle de Badinguet qui se servait des campagnes pour noyer le vote des villes. Ma foi, coup d'État pour coup d'État, s'il fallait choisir entre le prince Président et le vidangeur Lefrançais, je crois que je voterais pour que Décembre recommençât. Mais, Dieu merci, nous n'en sommes point réduits à hésiter entre Rouher et Jules Vallès, son ex-mouchard, entre Morny l'escroc et Dombrowsky le faussaire, entre Piétri, le chef de la brigade Corse, et Raoul Rigault, le *Polonais* des petites dames du quartier latin, entre Saint-Arnaud le massacreur et Eudes l'assassin.

Non, non, de pareilles conceptions ne peuvent venir à l'esprit que de maçons émancipés comme Martin Nadaud, de la Creuse, lequel est naturellement tout glorieux d'avoir quitté la truelle pour gâcher dans son auge communiste et communaliste quelques principes de philosophie.

Comme les communes de Lyon, de Marseille, de Toulouse et de Lille ne figurent que sur les affiches noircies de mensonges communards par le blanchisseur Grolier, nous restreindrons notre étude sommaire à la commune de Paris.

Il ne nous sera point difficile de montrer aux gens impartiaux que les apparitions intermittentes des actes de patriotisme municipal parisien ont toujours été fatales au progrès des libertés publiques, à l'émancipation des vrais travailleurs et à l'évolution de la souveraineté nationale.

# La Commune et la philosophie positive.

—

Auguste Comte, entre deux actes de fièvre philosophique a cru faire une grande découverte en réservant à la ville chérie de Juliers le gouvernement révolutionnaire de la France. C'est en qualité de positiviste que le docteur Babinet et le rimailleur Stupuy voudraient fraterniser avec les ministres de Versailles sur le comptoir du grand liquoriste Stupuy. Mais, bien avant Auguste Comte et sa *philosophie positive*, Paris centralisait le véritable mouvement français. En effet, Paris est bien placé au cœur de cette noble contrée qui s'étend depuis les Alpes jusqu'à l'Océan, depuis les Pyrénées jusqu'au Rhin, et que malgré les traîtres de la Commune M. de Bismarck ne parviendra point à écarteler.

Tous les bassins des fleuves français, tous les versants des montagnes françaises, tous les dépôts des océans antiques, tout ce qui vit, tout ce qui se meut, tout ce qui pense, tout converge vers Paris.

Paris est le creuset où l'idée française s'élabore et s'affirme. Paris, malgré les lâches et les traîtres de la Commune, Paris est le raccourci de la France, comme la France est le raccourci de l'humanité!!

Auguste Comte n'a inventé qu'une chose. Il voulait que Paris mît à sa tête des prolétaires, ce qui peut être sage, car ces prolétaires il les voulait intelligents et doués de l'instinct de subordination.

Combien y a-t-il de membres de la Commune qui aient vraiment le droit de porter la blouse? Et parmi ces prolétaires combien y en a-t-il que Comte ne désavouerait pas? N'ont-ils pas fait peur par leur dévergondage d'idées à Ulysse Parent et à Loiseau Pinson !

## La Commune et les Capétiens.

—

Au moment le plus terrible de l'invasion, alors que la Gaule n'avait plus d'épées à donner à ses braves, Paris employa les larmes de ses vierges, et sainte Geneviève, sublime patriote, sut, suivant la légende, arrêter par ses prières l'indomptable Attila. Vrai ou faux, ce souvenir se place comme une inscription divine au frontispice de l'histoire de Paris. Cette circonstance est sans doute ignorée par les communards vendus à la Prusse, qui font flotter le drapeau rouge sur la basilique. Mais elle servira à demander grâce à l'histoire pour toutes les erreurs passagères de Paris. Pensons à sainte Geneviève toutes les fois que des traîtres pareils aux communards ont essayé de livrer la France en trompant Paris. Ce n'est pas le droit divin, c'est Paris qui a fait la dynastie des Capétiens forte, grande et populaire. Les prêtres de Rome avaient beau oindre à Rheims le fils de saint Louis ou d'Henri IV, ce n'était point la sainte ampoule qui les faisait régner.

Mais si Paris a changé la race de ses rois au milieu du moyen âge, ce n'est point que Paris, en effectuant cette grande révolution décisive, ait èu la pensée coupable de se détacher de la France. Si Paris avait conçu ce dessein, il n'aurait rien créé de plus durable que nos tristes communards d'aujourd'hui. Si Paris a agi de la sorte, c'est que la France s'est détachée de Paris; c'est que les derniers Carlovingiens, princes misérables, se trouvèrent hors d'état de protéger la patrie contre les invasions étrangères. Ne pouvant être défendu par ses souverains légitimes, Paris se défendit lui-même. Il sut être héroïque déjà en ces sièces sombres pendant que les empereurs ne venaient point à son aide ou capitulaient lâchement. L'avénement des Capétiens fut précédé d'une suite d'événements que, sous une forme ou sous une autre, on doit comparer à la capitulation de Sedan !

Les premiers Capétiens ne commirent point une usurpation analogue à celle des communards, quoiqu'ils eussent plus de droit que l'Américain Cluseret, l'Italien Cecilia, le Prussien Frankel à se faire rois de Paris! C'est lorsqu'il n'y eut plus de France qu'ils montèrent sur le trône que leur vaillante épée devait agrandir, parce que Paris contenait dans ses flancs le germe sacré et que, encore une fois, le prince de Paris était de droit naturel le roi de toute la nation.

L'origine de la prédominance de Paris est essentiellement patriotique et guerrière. Voilà ce que les scélérats et les traîtres de la Commune méconnaissent lâchement quand ils se trouvent aux pieds de leurs bons amis les Prussiens. Plus d'une fois Paris a semblé oublier cette origine héroïque, mais jamais d'une façon aussi scandaleuse que les gens de la Commune voudraient le faire croire aujourd'hui. En outre, quelque criminelles que fussent les erreurs, elles ne sont que des épisodes dans la longue suite de siècles pendant lesquels Paris a identifié son sort à celui de la France! S'il a cédé quelquefois aux suggestions coupables, criminelles de quelques démagogues, de quelques agents de l'étranger, que de fois il a sacrifié à la grande nation jusqu'au culte de sa liberté! Que de fois il a résisté aux traîtres qui se servaient de sa commune pour lui faire perdre de vue ses hautes destinées nationales!

Quoique Paris ait conservé, malgré les défaillances que nous allons énumérer, son caractère patriotique dévoué à l'unité française, il n'a pour ainsi dire jamais été une ville de guerre, une grande forteresse. Ce rôle, en effet, n'aurait convenu ni à son genre flexible ni au caractère hospitalier de ses habitants, bien autrement dignes que les pédants d'Allemagne de réaliser l'unité européenne. Quel est, en effet, le grand nom qui, au milieu des ténèbres du moyen âge, jette une lueur étincelante sur la jeune gloire de Paris? N'est-ce point l'aimable Abeilard, le martyr, l'amant de la liberté plus encore que d'Héloïse, le grand hérésiarque, qui marche à l'avant-garde de nos théologiens, de nos philosophes, de nos littérateurs parisiens?

# La Commune de Marcel.

—

Il n'est point étonnant qu'à une époque où la liberté était un privilége, et où les hommes les plus vaillants étaient obligés de se renfermer dans une armure de fer, Paris ait parfois trop cherché peut-être à s'isoler de la monarchie pour laquelle il avait fait tant de sacrifices, dont il avait payé la gloire de son or, de son sang. Les excès des communards de nos jours eussent été moins coupables en un siècle d'isolement général, où il n'y avait ni chemins de fer, ni télégraphes électriques, même à l'état de rêve, car la poste était encore à inventer !

La monarchie devait, par ses ombrages naturels, gêner une magistrature qui se rappelait des commencements des Capétiens. Ce souvenir n'était-il point à la fois une menace pour le possesseur légitime de la couronne, une espérance peut-être pour le chef de la municipalité parisienne, quelque humble que pût être son nom, quelque restreintes que pussent être les fonctions dont il était revêtu ?

La France doutait d'elle-même, et Paris pouvait douter de la France, lorsque la Commune s'est montrée pour la première fois. C'était au lendemain de la funeste journée de Poitiers qui livrait la France à l'étranger. Ces lugubres circonstances n'ont point eu d'analogues jusqu'à la crise que nous traversons aujourd'hui.

Pour prendre la dictature, le prévôt Marcel commença

comme ses imitateurs de Montmartre. Il aurait été digne de siéger au comité de salut public de la rue des Rosiers, à côté du général Gromier, car il fit massacrer les maréchaux de Champagne et de Normandie. Mais, montrant une générosité dont les Clémenceau de nos jours seraient incapables, il sauva le Dauphin en lui mettant sur la tête son chaperon rouge et bleu. C'est ce que n'auraient fait ni le citoyen Jaclard, ni le citoyen Dereure, adjoints de la butte, ni même le citoyen Clémenceau !

Ce chaperon rouge et bleu devint un symbole qui, plus heureux que le drapeau rouge des révoltés de 1871, parvint à rallier les bourgeois de toutes les bonnes villes.

Le prévôt Marcel, plus heureux que les délégués de 1871, parvint à rallier la confédération des villes que la Commune de mars n'a fait que de rêver. C'est le comité des bonnes villes qui permit à Marcel de dominer les États-Généraux, c'est-à-dire l'Assemblée nationale du temps. Cet exemple semble avoir tenté les tristes plagiaires de notre Commune, mais il ne saurait séduire les patriotes qui voient dans le maintien d'une république travailleuse et ordonnée la voie féconde de progrès certain. Ils laisseront le monopole de ces conspirations ténébreuses aux gens qui apprennent la morale et l'histoire dans le bréviaire de nos francs-maçons.

Le triomphe de ces bandes assassines de Marcel ne pouvait durer longtemps, car l'assassinat est la porte d'ébène par où entrent les gouvernements voués à une honteuse destruction. Il en fut du patriotisme de Marcel comme de celui d'Eudes l'assassin. Ce fut Marcel qui, de sa main prévôtale, se chargea d'introduire l'étranger. Cet étranger, ami de Marcel, était le roi de Navarre, Charles le Mauvais, ce hideux souverain flétri par l'histoire, commandant des routiers qui servaient d'avant-garde aux Prussiens du temps.

Dire qu'il y a des gens que ces temps atroces ont frappé d'admiration, et qui, véritables savetiers politiques, ne savent que ressemeler de vieilles traditions éculées !

Ce n'était pas pour trahir la nation que les bourgeois de Paris avaient si patriotiquement fortifié leur ville, qu'ils avaient exécuté des travaux aussi gigantesques que ceux auxquels a donné naissance le dernier siége de Paris.

Marcel fut tué à coups de hache par son compère Maillard, au moment où il allait consommer son crime et ouvrir la porte Saint-Antoine à l'étranger qui occupait alors Saint-Denis !

Ce fut Paris qui se réveilla de sa longue torpeur, et qui, par le bras des loyaux Parisiens, se débarrassa lui-même du traître et de la trahison.

Thiers montre qu'il connaît bien son histoire, s'il est vrai qu'il en appelle de Paris ivre à Paris à jeun !

# La Commune de Caboche.

—

Le mouvement révolutionnaire confus qui éclata en même temps que les grands événements qui se passaient à cette époque, ont passionné bien des historiens. On a vu dans ces révoltés les ancêtres de la démocratie moderne. Il y a une école qui cherche peut-être à rattacher à ces crises les convulsions actuelles, comme les protestants cherchaient à répéter l'histoire des premiers chrétiens. Cette folie rétrospective est commune à tous les partis, et les annales du genre humain ou plutôt de la déraison inhumaine, sont peuplés de revenants. Il n'est de rêveur et d'utopiste qui ne cherche à se créer un état civil. Contentons-nous des saines lumières de la philosophie. Condamnons hardiment ces révoltes bestiales, indignes du marteau, de l'équerre et de la truelle, indignes du siècle où nous vivons.

Cette portion sombre de l'histoire est horrible, et jamais nos internationaux de 1871 ne pourront égaler ceux qu'ils semblent s'être proposé de parodier.

Alors comme aujourd'hui, les bourgeois des villes se réunirent pour lutter contre la royauté. Il n'y avait pas de frontières pour ces révoltés. On voit paraître, s'il faut en croire les vieux auteurs, la secte internationale pour qui la patrie est un vain nom. Mais quoique Londres, Gand et Paris s'entendissent mieux que de nos jours peut-être, les tentatives internationales aboutirent aux sanglantes exécutions de 1382. Ces efforts sauvages ne profitèrent qu'aux bourreaux et aux rois. La violence produisit les malheurs publics, les crimes se multiplièrent à l'infini, mais dans ccs affreux orages rien ne fut fondé.

Il y a mieux à faire pour un peuple qui possède le suffrage universel que d'avoir recours à la force. Cette dernière raison des rois ne saurait être la première des prolétaires, s'ils veulent être réellement émancipés, s'ils ne se contentent point des trente sous de la Commune qui finirait par les changer en malandrins.

Les travailleurs seront sauvés par la science et non par l'ignorance, dont le triomphe éphémère semble avoir abruti la nation. Car la vie morale, intellectuelle de la France semble s'être retirée depuis que cette bande internationale a surgi devant les regards du monde ahuri.

C'est dans le sang que l'on voulut noyer la révolte, et des exécutions en masse firent que les révoltés trouvèrent grâce devant l'histoire, et que souvent les historiens se montrent bien sévères pour la royauté. Les suites de ces vengeances impolitiques furent si terribles que nous espérons que 1871 ne copiera point 1382. Thiers ne sera point l'imitateur des premiers Valois.

Lorsque l'Angleterre menaça de nouveau la France, le peuple de Paris ou au moins les bourgeois furent désintéressés par leurs haines farouches. Il se trouva des bourreaux, des assassins en masse, mais on trouva peu de soldats. Les Bourguignons massacrèrent Louis d'Orléans dans la rue Barbette, et Caboche le boucher, Caboche acquit une célébrité que le citoyen Protot n'effacera pas.

La Commune de 1407 eut ses Rochefort qui se nommaient Jean Petit pour faire l'apologie du régicide en pleine Sorbonne ; ses Delescluze se nommaient Jean de

Troye, Legoix, Hubert 'et Saint-Yon! Rien ne manquait à cette débauche des corporations urbaines; mais pendant que la France était perdue par ces bourgeois coalisés avec une reine adultère, elle était sauvée par une vierge rurale. Jeanne Darc, inspirée par l'amour de la patrie, mettait en fuite les Anglais! En France quelquefois, n'en déplaise aux communards, les ruraux ont quelquefois du bon.

Ces prolétaires de l'intelligence, qui ne savent que copier leurs prédécesseurs, accouchent toujours d'événements hideux. La Commune de Caboche fut la caricature de celle du prévôt Marcel, comme la Fronde fut la parodie de la Ligue, comme la Commune de 1871 est la satire de la grande Commune de 1793.

Les cabochiens, aussi féconds que les communards de 1871, ont rédigé une ordonnance qui ne les rendit pas bien solides, car il suffit d'une portion de la *garde nationale* pour les chasser de l'hôtel de ville. Que nos triomphateurs de mars prennent garde aux idées de 1413. Paris se sauva lui-même comme il se sauvera encore plus d'une fois. Sans doute la honteuse fin du parti Caboche nous montre comment finira la sanglante comédie des nouveaux cabochiens.

# La Commune des ligueurs.

Lorsque le moine Augustin Luther déchira les bulles du pape, il donna le signal d'une grande révolution de l'esprit moderne contre la superstition antique. Mais ce fut la noblesse de France, qui était un peu rurale, qui adopta surtout avec enthousiasme la cause de la libre pensée. Quant aux bourgeois des bonnes villes, ils furent en général loin d'être sympathiques aux doctrines nouvelles. Si la France resta catholique, c'est que la croyance des communes, des gens de métier et des jésuites l'emporta sur celle de l'aristocratie. C'est une vérité historique qui est sans doute désagréable aux nouveaux maîtres de Paris, et dont ne se doutent point les fédérés qui ont incarcéré l'archevêque de Paris, et qui croient sans doute que la fédération des bonnes villes représente le *nec plus ultra* du progrès à outrance qu'on leur promet.

Comment les bourgeois ont-ils eu raison de cette aristocratie intelligente, que nous résumerons dans le nom vaillant d'Agrippa d'Aubigné, dans le docte Théodore de Bèze, dans le fulminant Calvin? Ce fut par le massacre hideux de la Saint-Barthélemy dont la garde nationale célébrerait aujourd'hui le troisième anniversaire séculaire si elle ne s'était trompée d'un an. La Saint-Barthélemy fut l'œuvre du comité de la garde nationale du temps, plus encore que du monarque assassin qui, du haut de sa fenêtre du Louvre, tirait sur ses sujets.

La ligue fut faite par les colonels de la garde nationale du temps. Les revues de cette armée fanatique font
songer à celles que passent les généraux Bergeret et Clu-
zeret, escortés du citoyen Miot. C'est qu'aussi malheureuse
que la religion catholique, la foi démocratique a ses jésuites aussi. Les prêtres et les moines, l'arquebuse sur
l'épaule, marchaient en tête des bataillons qu'ils excitaient
à l'assassinat, plus encore qu'à la guerre. La Sorbonne
retentit des éloges du régicide. Rogeard, Vermorel, Lon-
guet et tous les scribes de l'*Officiel* de la Commune ne
sont que des plagiaires de ces grands théologiens farouches. Les thèses du xvi<sup>e</sup> siècle, appuyées sur l'histoire de
Judith et d'Holopherne, sur l'ancien et le nouveau testa-
ment, sur l'histoire ancienne et moderne, ont une verdeur
et une érudition que les théoriciens du xix<sup>e</sup> siècle n'éga-
leront jamais! Renvoyons ces fanatiques dans les caveaux
de l'église de Montmartre, où Loyola fit prêter à ses premiers disciples le serment de tout sacrifier en ce monde
pour le triomphe de la papauté!

La ligue répondit au crime par le crime, à l'assassinat
par l'assassinat. Elle eût manqué à la tradition farouche
si elle n'avait trahi la patrie. En effet, c'était le légat du
Pape et l'ambassadeur d'Espagne qui payaient les hommes
obscurs, sans conscience, sans talent, sans vergogne
dont la ligue, aussi peu difficile que la Commune, avait
fait ses idoles, ses héros! Il y a dans cette folie communale un certain progrès en ce sens que l'étranger de nos
jours cherche à cacher sa main, quoique l'étiquette internationale soit de nature à éveiller les soupçons des gens
les plus crédules et les plus confiants! Bien des choses,
du reste, sont pareilles : même cruauté froide bestiale,
même absence de raisonnement, même obstination chez

les meneurs et peut-être mêmes regrets chez les dupes.

Henri IV montra qu'il était à la fois un grand cœur et un grand politique, Henri IV pardonna ! Il pardonna sans arrière-pensée, ce dont il fut puni par le poignard de Ravaillac, car les jésuites de l'Église, pas plus que ceux de la politique, ne pardonnent à ceux qui leur ont pardonné; mais la grandeur de la France était assurée. Paris était réconcilié avec la nation. Henri IV en mourant laissait Sully, et Sully prépara Richelieu.

## La Commune de la Fronde.

Après la grande pièce nous avons toujours la petite, après l'odieux, le grotesque, la farce ne manque jamais de couronner l'édifice de la tragédie.

Soixante ou soixante-dix ans après la ligue, les barricades reparurent. Les vieilles armes furent tirées des armoires et le peuple se sonleva contre la royauté. Le mouvement ne fut point national comme celui qui éclata dans le même moment en Angleterre, et qui trouva son Cromwell. Condé, le dernier des ligueurs, alla quérir le secours de l'Espagne. Le succès de la ligue, pierre de touche dans notre France si patriotique, aurait livré la nation à un despote étranger. Le peuple abandonna la ligue, comme il abandonnera nos fédérés de 1871. Fatiguées d'une anarchie sans but et sans portée les compagnies bourgeoises s'insurgèrent et imposèrent aux frondeurs la paix qui devait livrer la France au despotisme le plus terrible auquel elle ait été soumis. Des écervelés sans principes, sans foi religieuse, sans religion politique avaient préparé la dictature du monarque volontaire, absolu. Le Parlement, privé de véritables lumières, avait mérité que Louis XIV tout botté, vînt agiter son fouet devant la perruque de ses conseillers.

La révolte de 1871 n'a point les duchesses aimables et guerrières dont le philosophe Cousin est devenu amoureux. La Fronde des internationaux n'a que des vivandières dont nous avons vu amener à Versailles de bien hideux échantillons. Mais l'hôtel de ville a vu les massacres de 1652 et la terreur du grand Condé a produit les effets qui sortiront infailliblement de celle que veut organiser le citoyen Protot!

Internationaux, lisez encore votre future histoire dans celle de ces ridicules agitations. Infailliblement elles nous préparent un Louis XIV, si l'ordre ne se rétablit point prochainement, car la France aura horreur de ceux qui s'appuient sur la Prusse, comme des traîtres qui allaient chercher l'Espagnol pour résister à Mazarin. Ni les chansons, ni les caricatures, ni les *mazarinades* de 1871 n'empêcheront le peuple de Paris de voir de quel côté est le droit républicain, et la France rurale finira par avoir raison de nos Prussiens urbains.

# La Commune de 1793.

—

Ce qui fit la gloire et le succès de la grande révolution, c'est qu'elle ne fut pas seulement l'œuvre des villes, elle fut l'œuvre de toute la nation. C'est, en effet, toute la nation qui se souleva contre la noblesse, le clergé et la royauté. L'explosion avait été préparée par une philosophie lumineuse, humaine et savante. C'était, en réalité, le génie de l'humanité qui cherchait à prendre possession du gouvernement des sociétés humaines. L'idée s'efforçait de conquérir le monde des faits et de se l'approprier. La France n'avait point pour but d'être conquérante autrement que par la pensée, mais elle ne voulait point s'immoler elle-même sur l'autel de l'humanité.

Les républicains étaient avant tout des patriotes, et les royalistes des traîtres vendus à l'étranger. C'était en qualité de complices de Pitt et de Cobourg qu'ils portaient leur tête sur l'échafaud. C'était pour répondre aux victoires des Prussiens qu'on massacrait les prisonniers royalistes de l'Abbaye!

Si quelques hommes furent suspects, peut-être à juste titre, de pactiser avec l'étranger, c'est dans les rangs de la Commune qu'il faut les chercher! Ils étaient au nombre de ces agitateurs que Louis Blanc, alors apologiste de Robespierre, avait si énergiquement flétris. C'est de la Commune de Paris que sont sortis tous ces désorganisateurs qui ont précipité la Révolution dans la voie san-

glante au bout de laquelle se trouvait l'échafaud de ther-
midor et le fossé de brumaire, le panier de Sanson et le
sceptre de Napoléon.

La Commune de 1793 avait ses généraux ridicules, qui,
comme le stupide Rossignol, voulaient marcher majes-
tueusement et en masse sur les Vendéens ! La République
honnête et vaillante avait ses Hoche et ses Marceau,
aussi impopulaires près des hommes de Septembre que le
sont aujourd'hui à l'hôtel de ville les Faidherbe et les
Chanzy ! La Commune avait ses savants, qui, dignes de
fraterniser avec l'homme des Escargots sympathiques, se
nommaient le docteur Marat. Elle avait l'ignoble Père
Duchêne, que les Humbert et les Vermorel devaient
ressusciter.

Elle avait aussi ses poëtes, qui, au lieu de donner au
monde *la Marseillaise*, avaient fait traîner *la Carmagnole*
dans toutes les rues de Paris. Elle chargeait les cordon-
niers du Temple d'abrutir le jeune Capet. Elle avait ses
tricoteuses et ses assassins soldés. Qu'est-il resté lorsque
le ruisseau a cessé de déborder dans la grande cité ? De
la fange et du sang, dont l'odeur a enivré des plagiaires
de l'assassinat ! Les rois se sont servis de la Commune
chaque fois qu'ils ont voulu écarter la république ! La
Commune a été l'épouvantail que des espions payés ont
bien des fois agité devant les yeux des bourgeois
affolés !

Chaque fois que les princes ont eu besoin de faire peur
à leurs dupes, ils ont eu recours à la Commune et au
*chiffon radieux*, dont les élus de la Commune ont fait
leur drapeau, leur écharpe.

Quand on voit apparaître ces hommes sinistres, ces
fous de l'histoire qui prêchent l'assassinat, c'est qu'il y a

derrière ces fous un scélérat qui les mène. C'est une pensée criminelle qui exploite ces insensés! Si l'on voulait que la Commune fît son chemin dans l'histoire, il fallait qu'elle se débaptisât. Il y a de ces noms sinistres qu'on ne porte point impunément deux fois !

## La Commune justifie Napoléon I<sup>er</sup>.

Le drame sanglant de l'empire fut le châtiment terrible des excès commis à l'ombre du nom de la Commune. Cependant la Commune de 1793 était moins coupable que la Commune de 1871, car elle ne prêchait pas la complicité avec l'étranger envahissant la patrie ! Quel serait donc notre châtiment si nous laissions la Commune traîtresse de mars pousser ses racines immondes jusque dans les égouts de Paris !

Déjà ce qui arrive justifie presque la conduite du roi Joseph, désertant Paris plutôt que d'armer les faubourgs ! On se prend à excuser Napoléon qui, après Waterloo, refuse le secours du peuple l'assiégeant dans l'Élysée ! !

Comment aurait-on arraché les armes aux bandes qui demandaient qu'on les leur confiât pour la défense de la patrie ? Est-ce que la garde nationale improvisée en 1814 et en 1815 n'aurait point odieusement trahi la nation ?

Étaient-ce bien pour lutter contre les villes ou pour faire des sorties à l'intérieur, pour se lancer sur l'hôtel de ville que ces prolétaires demandaient des fusils de munition ?

Voilà les questions terribles que, grâce aux communards de 1871, on est obligé de se poser avec anxiété.

Le triomphe d'Assi, de Billioray, de Delescluze nous fait perdre, ou pour le moins ébranle nos plus patriotiques illusions. Quoi ! malgré ces progrès de l'idée démocratique dont nous sommes si fiers, nous n'aurions abouti qu'à armer des lazzaroni, qu'à mettre en état de guerre des bandes analogues à celles que dut mitrailler Championnet !

Peut-être sont-elles plus dangereuses encore, car pour les calmer, il leur faut trente sous par tête et par homme ; il ne suffit pas de liquéfier le sang de saint Janvier dans une fiole. C'est à la Banque que Beslay, vieillard positif, vient pratiquer des saignées !

---

## La Commune et les affaires de juin.

—

Le mouvement du 18 mars donne la clef, la philosophie de celui du 23 juin 1848. Les ateliers nationaux contenaient dans leurs flancs tumultueux le germe d'une Commune, et par qui cette Commune était-elle préparée ? Elle était préparée par les hommes que nous avons con-

nus sous l'empire, vivant à l'état de mouchards retraités !
C'est aux cris de « Vive Napoléon ! Nous l'aurons ! »
qu'avaient eu lieu les émeutes. C'est par des agents bona-
partistes que Bréa a été fusillé à la barrière d'Italie ! Le
même complot sinistre transpire derrière les figures lugubres, quelquefois héroïques des prolétaires insurgés. Si
ces insensés ont égorgé la République, c'est qu'une con-
spiration monarchique, — la ruse infâme est dévoilée de
nos jours, — leur avait mis le poignard à la main. C'était
le premier acte de décembre qui ensanglait les rues de
Paris !

Cavaignac commit de grandes fautes que Thiers n'imi-
tera point. Il frappa les soldats entraînés, innocents pour
la plupart. Il laissa échapper les chefs. L'Assemblée constituante, qui était républicaine cependant, négligea l'en-
quête sur les menées monarchiques. Elle craignait de voir
apparaître dans le sang et le pillage la figure sinistre du
futur Napoléon III.

Voilà pourquoi il ne faut pas qu'une amnistie générale
prive la République de septembre des preuves évidentes
de la culpabilité des prétendants et des monarques étrangers. Il faut que l'on ne laisse échapper aucun des indices
de culpabilité écrasante, qui permettront de remonter à
Berlin, à Chislehurst et peut-être aussi à Claremont !

# Les portraits des membres de la Commune.

—

### LE CITOYEN LEFRANÇAIS.

Le citoyen Lefrançais a été le premier président de cette noble assemblée. Il l'a été au moment le plus périlleux. Car les membres n'avaient point encore pris l'habitude de figurer dans le sein d'une assemblée délibérante. Dieu seul sait le nombre de hurlements que le citoyen Lefrançais a dû essuyer. En ces temps héroïques de la crise communale, il aurait été absurde de songer à faire un compte-rendu même analytique; autant aurait valu se poser en problème de dresser procès-verbal des apparences que l'on voit en regardant au kaléidoscope.

Des journaux habitués aux traditions monarchiques ayant imprimé que le citoyen Lefrançais était le président de la Commune, *la Commune a réclamé*. Elle n'a point de président. Elle n'a qu'un président de bureau que l'on change constamment. Le citoyen Lefrançais n'a point combattu la motion, mais ce n'est point à son initiative parlementaire qu'elle est due.

Le citoyen Lefrançais est un ancien instituteur dégommé sous la première république à la suite de manifestations socialistes. Il était au mieux avec Pauline Roland, la transportée de Décembre, qui avait formé son esprit et son cœur aux principes démocratiques. Le citoyen Lefrançais est marié devant M. le maire, ce qui est rare. Sa femme est ornée d'une barbe très-apparente. Si le citoyen Lefrançais est obligé de filer en Angleterre où en Belgique, la barbe de sa femme lui donnera un moyen honnête de subsister. Je l'engage à la cultiver par avance avec un peu de pommade de lion.

Le citoyen Lefrançais a lui-même une barbe noire des mieux fournies. Il s'arrache avec soin les poils blancs qui viennent déparer cet ornement de la démocratie. Sa voix est plus que mâle et son débit est plus qu'assuré. Il parle de tout avec éloquence quand il n'y a pas de danger. Arrêté après le 31 octobre, il a été moins heureux que Flourens. Le peuple ne l'a point arraché à la justice de la réaction. Il a comparu devant la cour martiale, et je dois dire que sa contenance a beaucoup laissé à désirer. Il a rejeté sur Flourens tout le poids de la journée, puis il attendait l'*omnibus !* Pas plus que ce brave Maurice Joly, il n'avait craché au visage de la défense.

Devant le conseil de guerre la défense n'avait point d'ami plus dévoué.

Par pitié et dégoût, le conseil de guerre acquitta le citoyen Lefrançais, qui par profession ne se préoccupe ni de l'endroit d'où viennent les choses, ni du motif qui fait agir. Car il a été longtemps employé dans la comptabilité matière de l'usine Richer; on dit qu'il a montré dans cette place de confiance, de l'ordre, de l'économie. Lefrançais est un franc-maçon du rite écossais. Il appartient à la fameuse loge 133, où il a appris les belles manières démocratiques sous le vénéralat du citoyen Schœffer, caissier du *Siècle.* C'était un des habitués du café de la Porte Montmartre où il faisait souvent honneur au *bras cassé.* Nous dirons ce qu'est le *bras cassé* à propos du citoyen Ulysse Parent, qui l'a, dit-on, inventé.

Lefrançais est dépourvu d'intelligence et d'instruction. Il y supplée par le toupet. Quiconque arriverait au milieu d'un de ses discours jurerait qu'il est éloquent! Il faut quelque temps pour s'apercevoir que ce bavard ne dit rien! Au demeurant c'est un être insociable, vain, vindicatif, lâche et ladre. Il ne me pardonnera jamais les vérités que je dis sur son compte, et s'il me tenait il me ferait piler dans un mortier. C'est par *antiphrase* qu'on le nomme sans doute Lefrançais. Car il n'a rien que d'antifrançais. Il serait mieux à sa place dans la commune de Berlin.

—

### MIOT.

Miot est un des derniers élus de la Commune, mais il n'est pas un de ceux qui se prennent le moins au sérieux. Il ne le cède pas sur ce point au citoyen Lefrançais. Il a les cheveux blancs et rares, la barbe abondante et encore parsemée de poils noirs. Cette barbe a fait longtemps sa gloire, et la terreur du père Dupin. A l'Assemblée constituante et à l'assemblée législative de 1848 le citoyen Miot avait la spécialité des interruptions. Si l'on avait la patience de coudre les uns au bout des autres toutes les interjections de cet ex-honorable, on arriverait à constituer un discours aussi long que celui du citoyen Thiers lorsqu'il a écrasé le citoyen Proudhon.

Miot était dans des temps plus calmes pharmacien à Clamecy, mais il n'aime pas qu'on lui rappelle les temps où il fut complice de M. Purgon.

Il affectait pour Raspail un mépris tout à fait aristo-

cratique, car le Camphre n'était pas un pharmacien suivant la formule de la faculté, seule divinité que le citoyen
Miot n'ait pas détrônée. Le citoyen Miot est le seul représentant de la Législative qui ait eu l'honneur de la trans-
portation dont ses autres collègues ont trouvé moyen de
glisser entre les doigts du coup d'État. Miot fut envoyé dans une forteresse de la province d'Oran au milieu du désert où il rumina la République et oublia ce
qu'il savait de la pharmacopée. Après avoir fait un long
stage dans les sables, Miot fut interné à Alger où l'amnistie qu'il refusa vint le trouver. Il en profita, mais ce ne
fut point sans avoir bombardé de protestations l'*Akhbar*,
journal bonapartiste du lieu. Miot signait ses missives :
*ancien représentant du peuple, ancien conseiller géné-
ral*, etc., etc. L'*Akhbar* ajouta méchamment, en reprodui-
sant la lettre : « Mais le citoyen Miot oublie d'ajouter
*ancien pharmacien*. »

Le citoyen Miot prit part à la défense de Paris comme
adjoint de je ne sais quel arrondissement ; il était alterna-
tivement un des coadjuteurs du citoyen Delescluze et du
citoyen Mottu. Comme on le voit, le citoyen Miot a été
élevé à bonne école, et il n'a point son pareil quand il
s'agit de crier *à la trahison*. Ses collègues n'ont qu'à bien
se tenir s'ils ne veulent pas que le citoyen Miot les fasse
pendre. Je ne crois pas qu'on ait jamais vu le citoyen
Miot rire. Celui qui l'aurait vu devrait se garder de le dire,
sans cela le citoyen Miot le ferait fusiller. Jadis le citoyen
Miot avait en horreur le citoyen Blanqui. Mais aujour-
d'hui il le considère comme un martyr de la réaction.
Nous ne sommes point curieux, mais nous donnerions
quelque chose pour savoir ce que le citoyen Miot pense
de cet infâme réactionnaire de Barbès, son ancien ami

qui a commis l'indélicatesse de démontrer que Blanqui n'était qu'un affreux mouchard vendu à la police de Louis-Philippe et démasqué par Taschereau.

---

### DELESCLUZE.

Voilà un vrai grand homme, taillé en lame de couteau. Il a une sorte de maigreur constitutionnelle si obstinée que je doute que la table dictatoriale de la Commune l'engraisse, même quand elle jouirait de ses vingt cuisiniers dont la *Gazette de Versailles* veut qu'elle soit ornée. Delescluze est au déclin de sa carrière, ce qui n'est point étonnant, car il est né vieux et envieux. Je demande comment Ledru-Rollin, nature riche, plantureuse, a pu s'attacher pendant si longtemps un pareil parasite. Il est vrai que c'est sans doute le parasite qui s'est attaché à lui.

Depuis qu'il n'est plus poussé par cette mouche dentelée, Ledru doit commencer à respirer.

Delescluze avait une réputation d'honnête homme si bien établie que, quand il attaqua Girardin, Girardin faillit être désarçonné. Delescluze n'avait *pas de carton;* il n'avait point de dossier politique.

En cherchant bien, Girardin trouva l'affaire de *Risquons-tout* dans laquelle Delescluze n'avait rien risqué du tout! Il avait envoyé de pauvres diables traverser pour lui le Rubicon.

Delescluze, si tendre pour la défense nationale, avait pourtant dans son œil la poutre belge, mais il n'y regarde pas de si près.

Delescluze est honnête homme. Il a une honnêteté de caissier, car c'est à lui que le citoyen Mottu, avant qu'il fut banquier, lui confiait sa clef. Il est vrai que les mauvaises langues prétendent que cette caisse, toujours à jeun, aurait pu être confiée à un forçat.

Le citoyen Delescluze a été rédacteur de *la Révolution démocratique et sociale*, que la réaction parvint à couler bas. Orné d'un nombre suffisant d'années de prison, il se réfugia en Angleterre, où il acquit une haine invétérée de tout ce qui est Anglais. C'est une manière comme une autre de payer l'hospitalité des gens.

Fatigué d'attendre la chute de l'empire, Delescluze résolut de chercher à la précipiter au risque de sa vie. Il se rendit à Paris pour diriger l'exécution d'un complot, sans doute préparé par Pyat ; car il était lardé de mouchards !

Delescluze, arrêté sur les indications de ces traîtres, fut envoyé à Cayenne, où il resta jusqu'à l'amnistie.

De retour à Paris, Delescluze attendit des temps meilleurs, en se nichant dans le fromage du citoyen Mottu ; puis il établit un journal industriel appelé *l'Exposition universelle*, où je faisais la partie scientifique. Delescluze voulait rester honnête et ne point vendre sa feuille. Il obtint la récompense de ceux qui ne veulent pas se vendre ! Sa feuille sombra. Cet accident prévu augmenta peut-être son humeur misanthropique, et Delescluze, le cœur plein de fiel, prit possession de la rédaction en chef du *Réveil*.

Le succès du *Réveil* fut lent. Le style de Delescluze a le malheur d'être endormant. Il est monotone comme son éloquence. Delescluze est resté ennuyé comme un classique. Il ne déride son lecteur que par les cris qu'il fait pousser à ceux qu'il déchire !

Delescluze inventa la manifestation Baudin. Il avait rêvé que dans cette tombe fermée depuis dix-huit ans il ensevelirait l'empire, et son rêve fut en quelque sorte réalisé. Cependant, *le Réveil* allait s'endormir, faute de lecteurs, au milieu de son triomphe. Si Delescluze écrivait comme il conspire, ce serait le phénix des auteurs de notre temps ; il rendrait des points à Victor Hugo ! Delescluze était un des fanatiques de l'abstention à outrance. Il déchirait les citoyens qui avaient la faiblesse de voter, même quand ce serait pour lui donner leur voix ! Ces principes ne l'ont pas gêné pour voter la validation des élections de la Commune, malgré le nombre effrayant des abstentions et des désertions. Le citoyen Delescluze n'était plus caissier fidèle en encaissant un pareil vote. Mais qui est-ce qui pense en ce moment à la caisse du citoyen Mottu ? Delescluze fut bon fils ; il pourvut pieusement aux besoins de sa vieille mère, et il loge avec sa sœur, vieille fille, qui est sans doute devenue aussi venimeuse que lui. A force d'être ambitieux, Delescluze finit par oublier qu'il l'est, et il est de force à se monter la tête au point de croire qu'il agit pour le bien du genre humain tout entier.

C'est petit à petit et pendant toute la durée du siége que Delescluze est descendu par degré au fond du gouffre dans lequel Dante renfermait les calomniateurs. L'investissement de Paris a *fourché* sa langue, a aiguisé son dard de scorpion. Il est devenu un des plus habiles Basile de la démocratie ; son amitié pour son ancien patron Mottu a beaucoup aidé à sa transformation. Nommé maire de la Villette, en remplacement du citoyen Richard, brave opticien, inoffensif et bien intentionné, le citoyen Delescluze n'a point tardé à montrer sa haute incapacité. Il s'en est vengé en donnant sa démission, afin de devenir promptement maire de Paris. Dans les temps antérieurs au 18 mars, il était fougueux centralisateur, adepte passionné de l'école de Robespierre. Il est resté adversaire des socialistes. C'est à lui que la Commune doit l'ambition de conquérir la France; c'est lui qui a le plus contribué à empêcher la révolution de se localiser. Cette prétention de travailler pour toute la France est le trait le plus saillant qu'il ait conservé de ses anciennes opinions. En effet, il a laissé supprimer d'un trait de plume tous les journaux hostiles. Il est vrai qu'il ne fut jamais fanatique de la liberté de la presse, mais seulement de la liberté du *Réveil*, qui contenait à ses yeux tout l'évangile de la révolution. Le *Réveil* était imprimé rue d'Aboukir, chez Towne, avec la *Marseillaise*. Delescluze ne déguisait point le dépit que lui faisait concevoir la rapidité avec laquelle la prose de ce baladin de Rochefort s'écoulait, tandis que le *Réveil* n'avait qu'un succès d'estime chez les pontifes de la démocratie. Il est vrai que le *Réveil* paraissait le soir, et que par conséquent il était difficile de ne pas s'endormir en le lisant; mais Delescluze n'admettait point cette circonstance atténuante. Il ne commença à se réconcilier avec le peuple que quand on l'eut nommé maire d'abord et ensuite député. Le jour où il entra à la Commune fut sans doute le plus beau de sa vie. Delescluze doit avoir pourtant un remords. Non-seulement moi, qui fus son rédacteur, un peu son ami, je l'attaque, mais Ledru-Rollin ne le défend point. Le grand orateur garde un silence plein de réticence et de menace pour les gens qui trempent dans la comédie à laquelle nous assistons. Pour un pontife de la démocratie, la position est un peu risquée. Était-ce bien la peine de faire le *collet-monté* pour s'asseoir à côté de Vallès, de Vermorel et du citoyen Assi?

———

### COURNET.

Le citoyen Cournet était encore en bas-âge lorsque son père dut quitter la France, après avoir vaillamment lutté contre le coup d'État sur les barricades de Paris. Cournet ne s'appartient point, c'est un de ces hommes que Delescluze a fanatisé en exerçant sur eux une fascination inexplicable, car il n'a ni le talent de la plume, ni celui de la parole, ni celui de l'épée. Si Cournet s'appartenait, il ne serait point à la Commune, qui n'est, en réalité, que la suite de la Commune de Londres, par laquelle son père fut assassiné quelques mois après le coup d'État.

L'histoire sombre, lugubre, mérite d'être racontée, car je n'en connais pas de plus instructive pour permettre de toiser le degré d'égarement des communards.

Lorsque les proscrits républicains arrivèrent à Londres, ils ne tardèrent point à se diviser en deux groupes analogues à ceux qui se trouvent actuellement en présence au sein de la Commune. Cournet, le père, ancien officier de marine, était le plus vaillant des amis de Ledru, républicains formalistes ou au moins opposés à cette tourbe socialiste dans les rangs de laquelle grouillaient des espions de toutes catégories. La Commune révolutionnaire de Londres, entièrement à la dévotion de Félix Pyat, avait choisi pour spadassin un nommé Barthélemy, ancien ouvrier mécanicien, dont la vie avait été déjà singulièrement dramatisée.

Barthélemy n'avait que 13 ans lorsqu'éclata, au quartier Popincourt où il travaillait, une terrible émeute dans laquelle un sergent de ville fut percé d'un coup de stylet. Barthélemy, arrêté dans la bagarre, fut accusé du meurtre. On le jugea en cour d'assises et on le condamna. Eu égard à sa jeunesse, on lui fit grâce de la vie et il alla au bagne, où il compléta son éducation qui avait été légèrement négligée.

Barthélemy profita singulièrement des leçons qui lui furent données, et quand la révolution de Février éclata, il était devenu un parfait scélérat. La révolution de Février le fit mettre en liberté, en vertu du même principe, malheureusement respectable, qui fit que septembre élargit Edmond Mégy.

Lorsque Juin éclata, Barthélemy se jeta avec ardeur du côté des barricades. Le sang coulait, il fallait que cette jeune hyène en goûtât. Peut-être était-il poussé par quelque agent secret des princes prétendants, ce qui n'était pas difficile, car pousser Barthélemy au crime n'était pas plus difficile que de lâcher une détente pour mettre en mouvement un tourne-broche quand le ressort est monté!

Barthélemy, qui était brave, se défendit bravement. Il fut pris et jeté en prison à l'hôtel des conseils de guerre, où la cour l'attendait. Mais des amis dévoués lui procurèrent une corde et une lime. Une nuit il sortit de son cachot avec un médecin nommé Lacambre, qui était son compagnon de captivité. Il se sauva par les combles de la maison voisine, empruntant le chapeau d'un habitant de la mansarde où il avait pénétré. Il le paya d'une pièce de cinq francs et d'un billet autographe. C'est peut-être la seule fois qu'il trouva le moyen d'être honnête dans toute sa vie....

Arrivé à Londres, il fut engagé par la Commune de Pyat comme spadassin attitré. On le lança naturellement contre Cournet. Un duel fut arrêté. Les deux adversaires, placés à trente-cinq pas, avaient le droit de marcher l'un sur l'autre de dix pas. Cournet fait bravement ses dix pas..... et attend Barthélemy, qui ne bouge pas... « Marchez donc, dit Cournet... Marchez. » — « Non, je ne marcherai point, répond Barthélemy, je marcherai plus tard; vous tirez le premier. » —En disant ces mots, il se place fièrement, carrément, par la poitrine, au lieu de s'effacer. Il se croise les bras comme un homme déterminé. Tout brave qu'il fût, Cournet se sent impressionné... Impatienté, il tire... il manque, sa balle frise l'oreille de Barthélemy. Alors Barthélemy s'avance à pas comptés; une fois arrivé au mouchoir, il vise, il tire... mais son pistolet rate. Il avait été convenu entre les témoins, avant l'affaire, que tout coup raté ne comptait pas. Barthélemy demande une arme. Cournet, impatienté, lui jette son pistolet. Le témoin de Barthélemy le charge et le passe à son client, qui vise et tire encore... Cette fois le pistolet ne rata point... et Cournet roula dans la poussière, frappé d'un coup au cœur !

Nous espérons que le fils de l'assassiné, qui a abandonné l'Assemblée pour la Commune, lira ces lignes, et que ces lignes seront son châtiment.

Il sera bien assez sévère pour que nous ne lui en désirions point d'autre. Cependant nous devons raconter les événements qui ont privé la Commune de la présence de Barthélemy, qui aurait figuré avec honneur entre Pyat et Mégy, en face du citoyen Lefrançais.

Barthélemy, mis en liberté après un procès qui émut profondément l'opinion britannique, mena une existence panachée, fort suspecte à beaucoup de citoyens. Un certain jour, on apprit qu'il avait été arrêté après avoir assassiné un Anglais, dans le domicile duquel il s'était rendu dans un but inconnu, avec une femme dont le nom ne fut jamais révélé, et qui ne put être retrouvée. La version la plus probable est que Barthélemy se servait de la présence de cette femme pour extorquer de l'argent à cet Anglais. Chemin faisant, il brûla la cervelle à un citoyen qui, s'étant jeté sur lui, voulait l'empêcher de s'évader ! Barthélemy, arrêté, fut traduit en justice comme après le meurtre de Cournet. Il dédaigna de se défendre, ce que sans doute il ne pouvait faire sans se déshonorer. Il fut condamné à être pendu, et fut en effet pendu sans avoir prononcé une seule parole qui pût mettre sur la trace des raisons pour lesquelles il avait commis ce nouvel assassinat.

L'exécution eut lieu avec un certain appareil militaire plus grand que de coutume, parce que l'on avait fait courir le bruit que les membres de la Commune de Londres allaient faire une tentative pour enlever Barthélemy. Mais il n'en était rien. Ce que ses collègues de la Commune de Londres auraient pu faire, eût été d'essayer de le rendre inviolable en votant pour lui. Mais Calcraft n'aurait point respecté une pareille inviolabilité.

### FÉLIX PYAT.

Félix Pyat était le Pontife de la Commune révolutionnaire de Londres, comme il n'a pas craint de l'avouer en envoyant sa démission conditionnelle. Il faut qu'il ait plus que du courage pour accepter une pareille paternité. Car, de même que le cheval mort attire les mouches, aussi Félix Pyat traînait, tout vivant qu'il était, les mouchards après lui. Les Barthélemy au petit pied n'étaient point rares dans ce milieu putride dont les proscrits honnêtes, les vrais républicains, s'écartaient avec horreur. Les complots abondaient autour du dramaturge qu'un de nos amis appelait le *Mazzini des ruisseaux!*

Félix Pyat est doué d'une imagination sombre, chagrine. Il conspirerait contre lui-même, et s'il avait le courage de s'empoigner, il passerait sa vie en prison. Mais ce n'est point précisément par le courage qu'il brille. Bien au contraire. *Sa timidité d'exécution* est passée depuis longtemps à l'état de proverbe. C'est le théorien du régicide. Il adresse des discours empruntés à la petite balle qui affranchira la démocratie, mais pour un empire vous ne lui feriez point tirer un coup de pistolet autrement que par procuration, au besoin notariée. Il fréquentait à Londres le British Museum, mais son humeur hargneuse le fit détester des conservateurs, qui saisirent l'occasion d'une incartade pour l'inviter à ne plus se représenter.

Félix Pyat a pris l'Angleterre en horreur pour la récompenser de l'hospitalité qu'elle lui a accordée. C'est le seul genre de reconnaissance dont il soit susceptible. Il faut qu'il ait bien peur de Delescluze, pour consentir à délibérer avec lui. Mais c'est à la terreur que cet homme-épouvantail a toujours obéi dans toutes les circonstances de sa vie. Il se sent mal à l'aise à Paris, depuis que l'on parle de l'occupation de Saint-Denis. Car se sauver en ballon n'est point son affaire. Par exemple, il irait jusqu'au bout du monde si l'on n'avait pas besoin de sortir d'un égout pour y arriver! Son aspect est sinistre; son allure rappelle celle de la hyène. Mais c'est une hyène qui, si elle ne lèche pas son poil, lèche sa prose avec le plus grand soin La fureur de cet énergumène sent l'huile... l'huile de poisson.

—

### BLANQUI.

« Pleurez mes yeux, fondez-vous en eau,
La moitié de ma vie a mis l'autre au tombeau. »

Il paraît que les royalistes de Versailles ont mis la main sur cette lumière de la démocratie. Ce petit vieillard fûté, au poil blanc, à l'air fauve, à l'aspect fuyant, s'est laissé prendre dans un terrier de province. Blanqui, le grand conspirateur par excellence, a pu asservir Paris par ses trames; il n'a pas su conserver sa propre liberté.

Blanqui a un grand rapport avec Félix Pyat. C'est un conspirateur habile à fuir..... le danger; un vrai vieux de la Montagne, aimant à juger les coups à distance, sans doute afin de mieux se rendre compte des effets. Même profondeur de creux, mais plus de nerveux dans le style, Blanqui est un Félix Pyat concentré.

Blanqui a mis en pratique le *sinit parvulos* du Christ. Il aime à s'entourer de jeunes gens. Il a commencé une active propagande pendant sa captivité à l'école pratique, où il fut renfermé pendant quelques mois.

Sa condamnation avait été injuste, quoiqu'il conspirât certainement, car il ne saurait se passer de nourrir quelques petits complots. Mais la police impériale était si niaise qu'on l'accusait à faux et que l'on trouva moyen de donner l'auréole de l'innocence à ce vieux pécheur endurci.

Blanqui a quelque chose de louche et de fuyant dans le regard. Il paraît qu'il n'était pas comme cela avant qu'il eût été flétri par Barbès, on peut dire aux yeux de l'univers entier. Condamné à mort après l'affaire de mai, Blanqui avait mangé le morceau comme un *coquin vulgaire*. Quand février vint, la vérité se découvrit. Barbès, le loyal Barbès, mit le traître au ban de la démocratie. Il faut que la dégénérescence de la morale politique soit bien prononcée pour que Blanqui soit toléré. Sa haine était si grande qu'il a trouvé grâce. L'amour, dit quelque part une héroïne de Victor Hugo, m'a refait une virginité. C'est par le fiel, le fiel seul que Blanqui, conspué, déshonoré, est arrivé à se réhabiliter aux yeux de certains fous. Aussi a-t-il été une des plaies vives de la démocratie.

La Commune voulait, paraît-il, échanger Blanqui contre l'archevêque de Paris ! L'offre était séduisante, car Paris fait depuis quelque temps une fameuse consommation d'archevêques, et monseigneur pourrait bien ne point sortir entier des mains du citoyen Raoul Rigault. Mais Blanqui sera privé d'assister à son triomphe éphémère et de dire sa messe rouge à l'hôtel de ville ! Blanqui est-il

malheureux d'être captif? Nous nous permettons d'en
douter; car cette circonstance lui permet d'espérer qu'il
se tirera des affaires sans être fusillé. Or, si Blanqui tient
peu à la vie des autres, c'est parce qu'il croit que la
sienne doit être à tout prix conservée comme essentielle
au salut de l'humanité !

---

BESLAY.

Beslay fut le doyen d'âge de la Commune. C'est lui qui
eut l'honneur de prononcer le seul discours que l'*Officiel*
ait conservé à la postérité. Il est étrange que la Commune n'ait pas vu dans ce fait une violation du principe
d'égalité. Il est vrai que les soixante-dix ans bien sonnés
auxquels Beslay dut sa gloire passagère ne sont point,
sans doute, enviés par beaucoup de gens.

Beslay fut député dès ses plus jeunes années, ce que,
si je ne me trompe, son père avait été avant lui. Il figura
avec peu d'éclat dans les chambres royales, et même
dans les assemblées républicaines dont il fit partie. C'est
un parleur très-diffus, qui ne lâche ses adversaires
qu'après être parvenu à les assommer complétement; à
moins qu'on ne se dérobe, on est sûr qu'il réussira. Beslay était un des habitués de la Réunion Delestre, où les
démocrates du Quartier-Latin se réunissaient pendant
cette longue captivité de Babylone qui se nomme le règne
de Badinguet. Beslay était, je crois, un peu exécuteur
testamentaire de Proudhon, avec qui il vivait sur un pied
d'intimité. Ses idées d'échange lui avaient brouillé la cervelle. Il était aussi un peu banquier et devait avoir un

compte ouvert à la Banque de France. C'est lui qui fut
chargé de la mission délicate d'expliquer à **MM**. les ré-
gents qu'il serait sage d'entrebâiller leurs coffres et de ne
poiñt répondre par un *non possumus* aux réquisitious de
l'hôtel de ville. Le père Beslay a de l'ardeur, de l'entrain ;
c'est un vieillard qui, malgré son âge, est beaucoup plus
vert que bien des jeunes gens. Il était à Paris au com-
mencement de l'investissement et s'engagea dans un régi-
ment de ligne comme simple soldat. C'est seulement lorsqu'il eut été constaté qu'il ne pouvait faire le service qu'il
quitta les rangs.

## VERDURE.

Verdure est un homme de taille un peu au-dessus de la
moyenne, de corpulence assez forte sans être obèse. Il
est lourd et myope. Il porte du reste des lunettes. C'est
un vrai caissier. Il était le caissier de la *Marseillaise*
dans des moments où son poste s'approchait beaucoup
d'être une sinécure, mais où il fallait de la tête et du discernement. En politique, on peut dire qu'il aurait besoin
de mettre des lunettes encore beaucoup plus fortes que
celles qu'il a déjà sur le nez ! Quoique la saison qui s'a-
vance semble devoir, comme tous les printemps, lui être
favorable, je doute que le citoyen Verdure ait par la suite
beaucoup à se féliciter du rôle qu'il est en train de jouer
en ce moment. Verdure n'est point de la catégorie des
conspirateurs fluides et subtils qui se glissent partout. Il
est du genre de ceux qui se laissent prendre à toutes les
souricières et qui s'accrochent à tous les hameçons !

Une preuve que Verdure est convaincu, c'est qu'il a communiqué ses convictions à sa fille Marie, institutrice laïque dans une des écoles de la ville de Paris.

Marie Verdure est à la fois très-timide et très-indomptable, c'est une belle jeune fille appliquée à ses devoirs. Il serait à déplorer qu'il y eût en France un parti quelconque qui ne comptât pas dans son sein quelques femmes dignes de ce nom. Marie Verdure a signé des manifestes qui font plus honneur à son enthousiasme qu'à son discernement, et qui ont dû remplir de joie le père Verdure, meilleur communard qu'il n'est bon père en encourageant de pareilles divagations.

## COURBET.

Courbet est un des derniers élus de la Commune. Il doit sa nomination à une de ces minorités honteuses que le citoyen Delescluze a fait déclarer majorités suffisantes, et dont, malgré sa fièvre révolutionnaire, Rogeard n'a point voulu. Surtout lorsqu'il a absorbé un nombre suffisant de bocks, Courbet doit s'en contenter. Mais le matin, avant d'avoir commencé à tuer le vers, Courbet doit regretter le temps où ses actes politiques se bornaient à refuser la décoration et à signer des pétitions pour que l'on démolit la colonne Vendôme, symbole de gloire militaire dont son imagination réaliste a horreur. Courbet a, paraît-il, couvert sa poitrine d'une brochette de décorations étrangères qu'il avait reçues sans protester, et le précédent surintendant des beaux-arts était moins bien pourvu que lui. Courbet est fanatique de sa propre gloire.

Il ne s'aperçoit point qu'il la servirait mieux à coups de pinceau qu'en prenant, lui, l'homme de la réalité, le gouvernement de la Commune pour un gouvernement sérieux, car pour régner il ne suffit pas de faire empoigner les gens. Courbet a été perdu par sa haine d'Ingres, dont il a, dit-on, fait disparaître les toiles des musées. Mais nous doutons beaucoup que les troupes de la Commune lui donnent la satisfaction d'aller réquisitionner celles qui sont encore en la possession des Versailleux. Courbet est lâche dans sa vengeance; car il sait très-bien que les royalistes de Versailles ont trop de goût pour aller user de représailles envers lui, et pour refuser longtemps à ses chefs-d'œuvre la place qu'ils doivent occuper. Jamais Versailles, fût-il dix fois vainqueur, n'enverra les toiles de Courbet orner nos greniers.

### ROGEARD.

Rogeard, né pour être proscrit quand même, offre le plus curieux contraste que l'on puisse imaginer avec le gros peintre réjoui, pansu, qui voudrait que l'on fît de l'hôtel de ville la succursale de la Brasserie Hautefeuille. Rogeard ne se serait jamais pardonné s'il avait manqué cette occasion de se faire transporter. Aussi faut-il lui savoir gré de l'éclair de bon sens qui lui a interdit d'accepter la validation de son mandat. Cette modération, qui ne lui est point ordinaire, a eu pour effet de mettre en évidence la lâcheté organique, mentale de Félix Pyat! C'est encore un service qu'il a rendu à la cause de la démocratie. Rogeard n'est point un de ces êtres immondes. Il serait capable, en un moment de fièvre, de prendre le poignard qu'il engage les bons citoyens à plonger dans le flanc des princes. Rogeard brille par les effets d'un style pesamment torturé ; c'est un littérateur du genre constipé. Il a longuement digéré ses fameux *Propos de Labienus*. Il reçoit volontiers les conseils littéraires, et se serait certainement mis de la Commune, si la qualité de conseiller lui avait permis de mettre en réquisition l'érudition de son ami Despois. Rogeard en veut à la nature qui lui a donné juste assez de talent pour comprendre qu'il n'arriverait jamais à la gloire, parce qu'il ne serait jamais qu'un Courrier manqué. Il ne recommencera pas, quoi qu'il fasse, ses *Propos de Labienus*, et ce n'est point assez d'une brochure d'une feuille pour arriver à la postérité la plus reculée.

## ULYSSE PARENT.

Le jour où Parent fut nommé fut le plus beau de sa vie. Si le peuple nommait le bourreau au suffrage universel, Ulysse Parent serait candidat permanent, non parce qu'il aimerait à être le portier de l'éternité, mais parce qu'il faut que Parent *soit...* quelque chose. Sans cela il n'y a plus de République. Nous sommes en monarchie dès que Parent est obligé de rentrer chez sa femme qui fait des modes pour les petites dames du quartier Breda. Ulysse Parent est devenu célèbre parce qu'un agent de police nommé André lui a administré quelque part un violent coup de pied. L'agent de Badinguet produisit un effet analogue à celui de Jupiter qui jeta Vulcain du ciel

sur la terre. Il précipita Parent de l'asphalte du boule-
vard dans l'égout des communards. Comment Parent s'est-
il arrêté dans la dégringolade? Voilà un phénomène ren-
versant. Est-ce qu'un peu de raison serait entré dans
cette tête sans cervelle? Est-ce que ce moulin à parole
cesserait de tourner à tous les vents. Parent démissionnaire, voilà un phénomène que je ne comprends pas. Le
père Delescluze a dû être épouvanté de voir que Parent
devançait dans sa fuite le rat Pyat.

Il esi vrai que Parent a fait un bond de la Commune
dans le sein des comités de conciliation. Tudieu, quel
conciliateur que ce dissolvant universel qui a appris la
politique et la philosophie dans les loges des francs-
maçons !

---

## LE CITOYEN FLOQUET.

Peut-être cette démission fameuse est-elle combinée
avec celle non moins fameuse du citoyen Floquet qui dé-
serta Versailles comme Parent avait déserté la salle
Saint-Jean. Dans ce moment Parent et Floquet se trouvent l'un et l'autre entre deux selles.... le Prussien sur
l'Orient de la loge 133.

Ni l'un ni l'autre ne trouvent sans doute que les choses
en doivent rester là. Si je suis étonné que Parent soit
sorti de la Commune, je suis bien plus étonné encore que
le citoyen Floquet n'y soit pas entré.

L'éloquence de Floquet est précisément de celles qui
plaisent en pareil lieu. Que dis-je? Ce n'est que là que le
citoyen Floquet, représentant du peuple démissionnaire,

peut se trouver dans son élément! M. Grévy ne l'avait encore rappelé à l'ordre que deux fois ! Floquet allait être oublié à Versailles comme il l'a été au Palais.

Le citoyen Floquet a pourtant conquis sa célébrité au Palais, mais non point de la même manière que Jules Favre ou Picard. C'est en criant *vive la République* lorsque le Czar passa. Il fait de la politique comme le zouave Jacob faisait de la médecine. Par conséquent, peu lui importe que son malade vive. Il aime mieux la République morte pour la gloire du citoyen Floquet, que la proposition inverse.

Le citoyen Floquet est Alsacien par son mariage avec une demoiselle de la famille Charras, dont il s'est patriotiquement épris. Ce sacrifice était peu difficile à accomplir, car la mariée était riche, jolie et spirituelle. Le citoyen Floquet ne donnera pas sa démission de ce côté-là, car il ne saurait trouver mieux. C'est cependant par l'à-propos de ses démissions que le citoyen Floquet brilla. Adjoint du maire de Paris, le citoyen Floquet devint démissionnaire après le 31 octobre; le peuple le récompensa en l'envoyant à Versailles où, comme l'univers entier le sait, le citoyen Floquet démissionna.

Evidemment de grandes destinées lui sont réservées. Je dois être fier de cet élève, car j'étais son chef de file politique à l'Ecole nationale d'administration. C'est moi qui l'introduisis dans le *Courrier de Paris*, où il débuta dans la politique sous les auspices de Clément Duvernois, alors une des espérances de la démocratie. Qui diable aurait pu prévoir qu'il avait un ministère dans le ventre. Le citoyen Floquet ayant démissionné un jour avant que le journal tombât, entra chez Nefftzer comme un âne en un moulin. Une démission, donnée assez à propos pour avoir l'air d'une bonne désertion, bien franche, lui ouvrit toutes grandes les colonnes du *Siècle*, alors le Parnasse de la démocratie. C'est par une démission que sortit du *Siècle* le citoyen Floquet. Quand la démocratie de l'hôtel de ville aura des commissaires, des missionnaires ou des démissionnaires à expédier, le citoyen Floquet sera toujours là ! Le citoyen Floquet ne me pardonnera jamais ces lignes par principe, car je crois que jamais le citoyen Floquet n'a rien pardonné. Il est de ces hommes à qui il sera beaucoup pardonné... *en enfer*, non, bien entendu, parce qu'ils ont beaucoup aimé, mais parce qu'ils ont beaucoup détesté.

---

### RANC.

Ranc sait quelque chose. Ranc veut quelque chose. Ranc est quelqu'un. Ranc est un véritable directeur de la sûreté générale. Ranc ne se compromettra point inutilement dans une bagarre dont il ne comprend ni le sens ni la portée. C'est par Ranc que le coup du 18 mars se rattache à la politique. Ranc est le fil qui rattache la Commune, dont il ne fait plus partie, à l'Assemblée, dont il n'est plus membre et à d'autres choses dont il sera certainement. Ce fil est un de ceux qui ne se coupent jamais.

L'histoire parlera de Ranc ! C'est à Ranc qu'il appartient maintenant de décider du jugement que portera la postérité. Ranc peut être la porte de l'enfer et aussi celle du paradis. Il y a bien des espèces de rancunes, mais il n'y a qu'*un* Ranc et il ne saurait y en avoir qu'*un*.

---

PASCHAL GROUSSET.

Paschal Grousset s'engagea dans les chasseurs à pied. Il fut réquisitionné par la commission des barricades. Ses exploits militaires se bornèrent à remuer des pavés.

Paschal Grousset est un des beaux fils de la Commune. C'est lui qui représente dans ce milieu l'élégance française et les grâces méridionales. S'il n'avait été journaliste, Paschal Grousset aurait eu beaucoup de succès comme garçon perruquier. Son physique l'aurait mené aussi loin que sa prose. Il excelle à mettre des papillotes à la vérité. Ces papillotes sont en papier à chandelle, il est vrai, tant il est grossier dans sa manière d'écrire. Il a le style d'un bellâtre. La violence le distingue. Au milieu de la cacophonie de la presse enragée, il joue le rôle de l'homme canon. Grousset veut que l'on parle de lui. Il n'est pas fâché qu'on en dise du bien, mais si l'on en disait beaucoup, il verrait qu'on se moque de lui et il ne le pardonnerait jamais de sa vie.

Grousset voudrait faire oublier Rochefort, qu'il a long-temps flatté, et qui n'a point sans doute à se louer de l'avoir écouté. Grousset est de la Commune et Rochefort n'en est pas. Voilà ce qui le console quand il lit le *Mot d'ordre* après avoir griffonné l'*Affranchi;* mais le peuple ingrat n'a pas donné à Grousset le droit d'aller à Versailles pour donner sa démission. O canailles d'électeurs, vous qui avez nommé Floquet, pourquoi avez vous oublié Paschal dont le nom rime avec Valet ?

### JULES ALLIX.

J'avais cru jusqu'à ce jour que Jules Allix serait le délégué des fous. Pourquoi. les fous n'auraient-ils point leur entrée en ce cénacle? Mais je m'aperçois que malgré sa charge des escargots sympathiques, Allix a su manœuvrer avec beaucoup d'intelligence pour se concilier les sympathies *des escargots de rempart!* Cette folie était feinte. Jules Allix le hurleur suivait le conseil de Proudhon, et faute d'avoir un pistolet il tirait des petits coups de pétard pour faire tourner la tête aux passants. La preuve que j'en rapporte, c'est qu'il n'a point été assez fou pour oublier de faire donner à son beau père Tryat un cours de gymnastique destiné à régénérer l'humanité en général et la famille Tryat en particulier. Ces grands énergumènes, que l'on mettrait volontiers à Charenton, sont au fond de la même pâte que bien des bourgeois. Leurs manifestations les plus déréglées sont souvent une variante de l'*ôte-toi de là* que je m'y mette. Une fois arrivés à quelque chose, ils seraient d'assez bon diables s'ils trouvaient le moyen de se débarasser de leur queue.

Mais que d'Allix voudraient avoir un gymnase pour le donner à leur Tryat, et mettraient le monde en branle pour que ce gymnase se pût trouver. Mais en ce moment je ne me sens pas le courage de dire trop de mal de ce grand amateur de gymnastique. Car c'est sans doute en pluie d'or que va se changer Jupiter-Thiers pour conquérir Paris-Danaé.... une porte ne saurait valoir bien cher. Un peu de courage à la poche du budget. Il y a bien à la Commune des gens honnêtes qui, après s'être vendus à la Prusse, ne demanderaient pas mieux que de devenir honnêtes en se vendant à la France.... dix fois plus cher qu'ils n'ont jamais valu.

—

## ARTHUR ARNOULT.

Arthur Arnoult est l'ancien secrétaire de la *Revue nationale* publiée par Charpentier, le célèbre éditeur. Il n'était point encore *international* dans ce temps-là. Arnoult maniait l'étrille pour lustrer le poil du coûteux cheval de bataille que Charpentier entretenait dans son écurie du quai. Mais là ne se bornaient point les occupations d'Arnoult. Il était employé à l'hôtel de ville au plus beau temps du baron Haussmann. On l'aurait bien étonné en lui disant alors qu'un jour viendrait où il remplirait l'hôtel de ville de sa gloire. Mais le baron Haussmann reviendrait qu'Arnoult ne s'en formaliserait guère, pourvu qu'il eût part au gâteau municipal. Arnoult a la morale de Gaucho et de Sosie. Il ne s'en cache point et n'affiche pas de doctrines sévères. Il n'a de prétentions ni à la vertu, ni même à l'esprit. Pourvu que sa prose se paie, peu lui importe qu'elle paraisse. Après avoir pris l'argent pour écrire il serait enchanté d'en prendre encore pour supprimer. Il n'a même pas l'hypocrisie de soutenir qu'il ne se sauverait pas. Il ne tient point à passer pour brave. Partout ailleurs qu'à table c'est un sceptique; comme ce n'est plus un des jeunes, il était temps qu'il eût accès à une table où l'on dîne bien. Arnoult est du parti de ceux qui pensent qu'Esaü a bien fait de vendre son droit d'aînesse. Si Versailles a des lentilles à lui servir il fera en sorte que la comédie finisse par un bon dîner.

---

### JULES VALLÈS.

Voilà un cynique, que les honneurs doivent incommoder ! Il était mieux à la Villette avec les harengs du père Richard qu'à l'hôtel de ville, s'il n'y a que des poissons aristocratiques et du vin fin. Vallès aime véritablement les harengs et le petit bleu.

Il a pris l'argent de Rouher pour se faire nommer député et pour tomber ce traître de Jules Simon ! Est-ce qu'il ne fallait pas que Jules Vallès vive ! C'est être bien réactionnaire que de dire que Jules Vallès a mal fait. Que serait devenu le *Cri du Peuple* si Jules Vallès était mort de faim ! Est-ce que tout le monde, sous l'empire, n'a pas été mouchard un peu ! Jules Vallès n'est pas brave, c'est-à-dire sa langue est vaillante. Il n'y a que les jambes qui ne le soient pas. Jules Vallès est un Diogène qui n'a même pas de tonneau, et qui ne se lave que lorsqu'il tombe dans le ruisseau. La Commune devrait lui voter un savon municipal, mais le savon est la seule denrée que par principe la Commune n'ait jamais réquisitionné.

---

### VERMOREL.

Encore un client de Rouher, à ce que dit la chronique de l'OEil-de-Bœuf. Mais si Vermorel a pu se vendre, ce que j'ignore certainement, Vermorel ne s'est pas livré. Heureusement pour Rouher, qui n'aurait su que faire de cette marchandise-là ! Pour ambitieux, Vermorel l'est et l'avoue facilement ; mais pour traître, Vermorel serait le dernier à s'en apercevoir.

Vermorel a édité les œuvres de Robespierre ; sans doute qu'il ne les a pas lues, ou s'il les a lues il ne les a pas comprises, ou s'il les a comprises on ne s'en aperçoit point, parce qu'il traîne dans une Commune où Hébert aurait peut-être eu honte de figurer. Il a créé une multitude de journaux qu'il a tués sous lui, et il s'en vante comme s'ils avaient été tués par les boulets ennemis. L'ambition d'être rédacteur en chef lui ayant conseillé une multitude d'actions embrouillées, nous croyons que Vermorel reculerait devant peu de choses pour couronner l'édifice de ses patriotiques destinées.

Nous avons connu Vermorel travailleur, pauvre, mourant de faim ; nous le croyons homme de pensées troubles, mais s'il prend de l'argent, ce n'est point pour thésauriser. Nous croirons tout de Vermorel, même le bien, mais nous n'avons jamais cru qu'il ait été se faire tuer à Courbevoie, comme le bruit en avait couru. Le plus grand acte de courage que nous lui ayons vu accomplir, est de se laisser cracher à la figure par les Cassagnac. Cependant il e des cas où Vermorel se bat. Il a tenu vaillamment u épée qu'il touchait pour la première fois de sa vie.

### GÉNÉRAL CLUSERET.

Il n'y a guère de cas, au contraire, où Cluseret ne se batte pas. Un des torts de la défense nationale, est de ne point avoir trouvé les moyens d'utiliser les talents militaires de ce guerrier universel, qui taille ses plumes avec un sabre, mais qui, quelquefois, s'en sert assez bien. Il est vrai que, poussé par une ambition ingouvernable, Cluseret a tout fait pour dégoûter le gouvernement de l'employer. Trochu a bien vu que Cluseret était un canon chargé de picrate qui ne tue jamais que les gens assez pour le mettre en batterie.

Cluseret préfère perdre Paris sous lui, Cluseret, que de l'avoir sauvé sous Trochu. Il a un caractère entier, despotique. Il faut qu'il brise ou qu'il soit brisé, qu'il domine ou qu'il périsse. Pour être dominé, il ne le sera jamais et il ne l'a jamais été. Cluseret a dû exciter des haines et des jalousies immenses depuis qu'il préside à la défense de Paris. Les défaites inévitables lui seront imputées comme des crimes par les communards qui rendraient des points aux Carthaginois eux-mêmes dans cette manière de crucifier les chefs malheureux. Il lui sera bien difficile d'éprouver des échecs et d'échapper au soupçon de trahison. Pour lui, la plus difficile de toutes les victoires serait de conserver sa popularité. Mais Cluseret n'est point homme à bénir la main qui l'emprisonne, comme le général philosophe Bergeret. Il faut que celui qui l'arrêtera le fusille sur place, s'il ne veut être fusillé.

Cluseret connaît admirablement le terrain où les armées

opèrent. Si Thiers lui donnait le commandement de l'armée de Versailles, en deux jours il aurait pris Paris, mais il voudrait prendre Versailles le lendemain, et Thiers serait bientôt le brosseur de Cluseret.

# La ménagerie internationale.

Le temps, le courage nous manquent pour éplucher les vrais internationaux, ceux qui ont préparé et exécuté le coup, auquel tant d'autres se sont ralliés. Quand nous disons les vrais internationaux, il faut s'entendre, car les vrais internationaux d'Angleterre les renient presque tous. Tolain, un des leurs, est resté à Versailles, et ils l'ont, dit-on, excommunié. Pourquoi fouillerions-nous plus longtemps dans cette fange, qui n'est point le fumier d'Ennius, car pas une perle ne saurait s'y trouver.

Je m'arrête involontairement à la pensée que dans cette bande internationale se trouvent à la fois des agents de Bismarck et des agents de Mazzini. Je crois que c'est de Mazzini que Bismarck s'est servi pour s'entendre avec la démocratie avancée..... si avancée qu'elle pue comme un gibier faisandé !

Mazzini, en effet, est jaloux depuis qu'il fait de la politique de cette nation généreuse qui se nomme la France. Sa haine est la seule chose qu'il n'ait pas cachée; il veut rehausser Rome, non en lui donnant ce qui lui manque, mais en rabaissant Paris. Son but est double : en amoindrissant la France, il est d'accord avec Bismarck, qui n'a rien à craindre de ces rêves; la Révolution lâche la proie pour l'ombre d'une chimère. D'un autre côté, Mazzini sert ses rancunes personnelles; il se venge du siége de Rome en obligeant la France à assiéger Paris.

Le siége de Rome, il nous le reproche, à nous, qui, le 13 juin, avons achevé de perdre notre République pour essayer de sauver sa patrie! Il doit triompher en ce moment, sans s'apercevoir que Bismarck joue avec lui comme il jouait il y a deux ans avec Badinguet.

Si quelqu'un pouvait faire pardonner au Pape d'être Pape, ne serait-ce point Mazzini?

---

## Les Martyrs.

—

Il n'y a pas de cause qui ne compte dans son sein un certain nombre d'hommes de bonne foi. Le contraire serait malheureux pour la nature humaine. L'enthousiasme est une qualité qui heureusement se met à toutes les sauces!

La Commune a donc ses martyrs aussi; mais précisément parce que toute cause quelconque est dans ce cas, le dévouement de quelques hommes n'est point suffisant pour infirmer nos prémisses et pour démontrer qu'il y a des idées au milieu de ce fouillis de vulgaires déclamations.

Nous serons généreux pour étendre ce mot, et nous ne le marchanderons pas à ceux auxquels on pourrait le refuser. Tout homme qui souffre est respectable, par cela seul qu'il souffre, même quand la cause pour laquelle il s'est armé est injuste. L'intérêt public peut même, dans certaine mesure, s'appliquer légitimement aux traîtres qui ont livré la patrie. Dès qu'il est démontré qu'ils ne peuvent plus nuire, la politique inflexible perd ses droits; c'est l'humanité qui reprend les siens et les conserve jusqu'à ce que toutes les traces de nos dissensions soient effacées. Mais si nous voudrions pouvoir désarmer la vengeance publique, dès que la République sera sauvée, dès que le salut du peuple sera assuré, ce n'est point sur les chefs que notre sollicitude se manifestera principalement. Nous réserverons notre influence et nos démarches pour les soldats obscurs, qui souvent n'ont marché que contraints et forcés. Les uns, en effet, l'ont été par la pression directe, par la menace de la violence; les autres, au contraire, par la faim, *malesuada fames*. Les ateliers étant fermés, ils ont dû demander aux affreux ateliers de la guerre civile leur subsistance quotidienne. Voilà les malheureux héros, peut-être, quand ils se dévouaient pour leurs femmes et leurs enfants, dont nous devons cicatriser les blessures et atténuer les douleurs.

Mais n'oublions pas surtout combien de tristes malentendus ont été nécessaires pour que des Français s'armassent contre des Français! Ne perdons pas de vue nos propres fautes, le silence de l'Assemblée, que nous sommes obligés de défendre, la pression des calamités publiques, quand nous songeons aux pères sans enfants, aux enfants sans pères, aux femmes sans maris.

Par un décret aussi menteur que les autres parties de son programme, la Commune a promis d'adopter ces veuves, ces orphelins, ces vieillards sans appui. Acceptons franchement, noblement, largement l'héritage de ces misères, que de méprisables ambitions nous ont léguées.

.Les républiques doivent être grandes et généreuses, même pour leurs ennemis. Tâchons de nous réhabiliter en montrant au monde que nous savons que république oblige et que nous faisons nos humbles efforts pour parvenir à nous montrer dignes d'être républicains.

---

### ÉLYSÉE RECLUS.

J'ai été bien étonné d'apprendre qu'Élysée Reclus avait été pris parmi les gardes nationaux qui ont exécuté la grande sortie où Flourens a perdu la vie. Je croyais à Élysée Reclus plus de bon sens, et, véritablement, son entraînement me paraît inexplicable, quoique la famille Reclus habite Batignolles et que l'influence du voisinage explique bien des choses.

Élysée est un écrivain de la *Revue des Deux-Mondes* et des guides Hachette, qui est loin de manquer de talent. Je connais beaucoup de gens qui l'admirent, mais j'avouerai que leur enthousiasme ne m'a pas séduit. C'est un grand travailleur, très-appliqué, qui a écrit un ouvrage très-étendu sur la terre, et qui parle *ex-professo* de l'immensité. Comment, diable, va-t-il se fourrer dans une bagarre communale !

Les Reclus sont deux frères qui habitent fraternellement la même demeure et qui mènent une vie honnête, honorable. Leur père, pasteur protestant, un peu borgne, leur a donné une sévère éducation, analogue à celle que recevaient les pasteurs du désert. Élie et Élysée ont senti le besoin de prophétiser comme leurs homonymes bibliques. Ils ont signé un manifeste de conciliation, sans comprendre sans doute que conciliation voulait dire trahison.

Il faut espérer qu'on rendra Élysée à Élie, sans cela Élie se ferait bientôt tuer ou prendre pour rejoindre Élysée. Étrange contraste que ces deux frères si tendrement unis. Le brun a épousé, je crois, une blonde, et le blond une mulâtresse. C'est l'aîné qui paraît le plus jeune, et le plus grand suivant la chair est le plus petit suivant l'esprit.

—

### LOCKROY.

J'ai écrit contre Lockroy en des termes amers avant de savoir que Lockroy était pris. Je me réjouirais de cette capture, si je n'avais point attaqué Lockroy. Il fallait taper dans le tas, je l'ai pris comme j'aurais pris un autre, sans qu'il fût plus coupable que ses confrères en conciliation, On me dit qu'il vaut mieux que le commun des députés, des millionnaires et des maires capitulards. Je le crois sans peine, car ces messieurs valent bien peu de chose, suivant moi. Dans son cas, il y a une circonstance qui me touche. Lockroy a refusé la liberté que Thiers lui apportait. Refuser la liberté c'est beau, car c'est dur, et cela prouve en faveur de celui qui le fait.

Mais ce n'est point cependant de sa captivité que Lockroy est le plus à plaindre, c'est de songer au bien qu'il aurait pu faire, au mal qu'il aurait été à même d'empêcher, car Lockroy sait manier vaillamment la plume. Il sait tourner une épigramme. Il sait s'indigner avec cœur, avec âme. Pourquoi a-t-il mis ces qualités si précieuses au service de vils intrigants? Pourquoi a-t-il prêté son esprit à des calomniateurs de bas étage, à des gens qui lui ont fait gaspiller sa gloire littéraire? Pourquoi n'a-t-il pas suivi la voie austère de la vérité mâle? Pourquoi Lockroy a-t-il obéi au vil plaisir de flatter les passions populaires ?

Il est une jouissance plus noble réservée aux âmes fières et pures, c'est de savoir qu'on devient impopulaire parce que l'on dit courageusement la vérité; alors on entrevoit comme une ombre de la joie divine qui envahit l'âme des grands sages de Socrate buvant la ciguë, de Jésus sur son calvaire et de Coligny massacré !

## HENRI ROCHEFORT.

Henri Rochefort est libre... il publie son *Mot d'ordre*, du moins. Mais quelles pensées doivent traverser son active et impressionnable intelligence, en présence de si grands événements !

N'est-il point le premier à sentir la décadence... de son bon sens, de sa raison. Dieux puissants, le voilà, l'homme inimitable qui a terrassé l'empereur, obligé de lutter avec Vésinier ! Combien il doit regretter ces jours de cellule où il jetait un regard furtif à travers les barreaux de Sainte-Pélagie pour apercevoir la femme aimée qui se cachait des sergents de ville, et qui mendiait un sourire en se penchant gracieusement à la fenêtre du marchand de vin. La *Lanterne* restera comme un monument immense, si

Rochefort n'emploie pas tout son esprit, toute sa science à la gâter ! Rochefort a instinctivement horreur des drôles. La suppression des feuilles lui a fait horreur. Il a protesté... Sans doute, il protestera encore. Que Rochefort redevienne Rochefort, et la République aura remporté une victoire plus grande que celle que prépare, dit-on, Mac-Mahon.

---

### GUSTAVE FLOURENS.

Si Flourens n'est plus, je n'ai point à me le reprocher. J'ai employé honnêtement toute mon influence sur son cœur, sur sa raison, pour l'empêcher de se mêler à cette horrible affaire des canons. Si Flourens n'avait point été condamné à mort par la cour martiale, Flourens aurait quitté la France, et peut-être vivrait-il encore. La République compterait un républicain de plus !

Arraché par ses amis à la captivité, Flourens s'était caché chez un de nos amis communs, homme dévoué, intelligent... Dans sa retraite, Flourens composa un réquisitoire contre le gouvernement de la défense nationale. Ce réquisitoire, il l'intitula : *Paris livré*, titre menteur, mais mensonge honnête, car Flourens croyait tout ce qu'il écrivait, et trop souvent, hélas ! tout ce qu'on lui disait.

*Paris livré* devait paraître chez Guillaumin, éditeur du *Journal des Économistes*, homme très-modéré, trop modéré peut-être, mais qui était lié avec la famille Flourens, parce qu'il devait sa fortune, en partie du moins, à la publication des œuvres du père, secrétaire perpétuel de l'Institut. Mais quand M. Guillaumin apprit que Flourens avait été condamné à mort, il crut qu'il serait peut-être fusillé s'il persistait à mettre en vente *Paris livré...* M. Guillaumin changea donc d'idée, et Flourens dut prier l'ami dévoué, dont je parlais tout à l'heure, de lui chercher un autre éditeur. Ce que fit cet ami. L'éditeur se trouva sans difficulté, mais cela prit du temps et, pendant toutes ces démarches, l'affaire des canons éclata. Le comité de la garde nationale mit le feu à la mine stupide qu'il avait bourrée de mensonges pendant tant de semaines.

La dernière fois que je vis Flourens, c'était le dimanche qui précéda le 18 mars. Il me fit l'honneur de dîner chez moi. Comme il avait sacrifié sa longue barbe, il ne se ressemblait pas à lui-même et par conséquent, surtout le soir, il pouvait circuler partout. Nous avions été, quelques jours auparavant, visiter les ruines du château de Meudon, passant les portes en plein jour sans prendre aucune précaution. Nous plaisantions gaiement sur la condamnation à mort, et nous ne doutions point que, dans quelques jours, elle serait si cruellement exécutée. Mon ami Albert Alexandre de Lille était du dîner, et Flourens lui donna rendez-vous à Bruxelles, où il devait se rendre quand il aurait quitté la frontière. Mais il ne voulait plus se mêler d'affaires politiques; il avait formé le dessein de changer de nom, pour éviter certaines importunités. Le souvenir de Baury, ce traître qui l'avait poussé dans des complots vendus d'avance, le tourmentait constamment.

Flourens commençait à se défier de lui-même, et, en effet, dans bien des circonstances, il avait été son pire ennemi. Il avait gaspillé, sans profit pour sa gloire ni pour la République, une popularité immense. Il l'avait gaspillée, non par ambition, mais par faux calcul patriotique, car le gouvernement de la défense nationale n'avait rien négligé pour se le concilier ! On aurait donné à Flourens tout ce qu'il aurait pu décemment demander ; mais Flourens avait craint de prendre et surtout de se rallier sans arrière-pensée à des hommes dont il se défiait. Il y avait sans doute autour de ce cœur simple, de ce grand enfant, un émule de Baury.

Flourens avait beaucoup de qualités, mais il lui manquait la douce influence d'une femme, car Flourens n'avait jamais aimé ! Ce n'était pas par principe ou par défaut de tempérament, c'était par exaltation d'idées.

Il y avait une destinée funeste qui semblait décider que Flourens dût périr à Chatou. Car c'est à Chatou déjà que Flourens avait échappé par miracle à l'épée de Cassagnac qu'il avait follement provoqué.

Flourens qui, de sa vie, n'avait jamais été à la salle d'armes, avait été jaloux des lauriers de l'impétueux Lullier, espèce d'Achille de la démocratie militante. Il avait jeté le gant de si rude manière, que Cassagnac avait dû le relever. Mon frère Ulric, qui avait accepté d'être témoin, fut épouvanté quand il vit Flourens le fer en main. Car Flourens l'avait noblement trompé, refusant de prendre des conseils, et se déclarant de première force à l'épée. Flourens fut touché à trois reprises ; la troisième assez grièvement. Mais Paul de Cassagnac, il est juste de le dire, n'usa point de ses avantages, sans cela Flourens était perdu.

Flourens fut soigné avec dévouement dans une maison de campagne voisine de l'auberge où il fut tué. Il connaissait parfaitement le pays, et il avait de belles chances de s'évader s'il avait pu échapper aux premières recherches.

Je ne m'arrêterai point à raconter les circonstances douloureuses de cette mort. Ma pensée se reporte sur cette mère dont Flourens était l'orgueil, et qui le soigna saintement pendant une longue convalescence. Je me figure cette petite maison calme, riante, si voisine de l'auberge rouge, dont le sang de Flourens devait bientôt humecter le sol fangeux !

Dire qu'il s'est trouvé un monstre pour reprocher à cette mère infortunée les larmes, le deuil, le convoi de son fils bien-aimé !

### LE GÉNÉRAL DUVAL.

On m'a dit que le général Duval était modeleur de son état. Je n'ai pu vérifier ce dire. Ce que je sais, c'est que ce général Duval était un homme, et je ne suis point étonné de la lettre hautaine que sa mort a inspirée à sa veuve. Cet homme devait être aimé.

Je n'ai vu le général Duval qu'une seule fois, et j'ai bien pu le juger, car il était alors dans l'exercice de ses fonctions. Voici les circonstances qui ont fait que je me suis trouvé en rapport avec ce météore militaire, qui comme une étoile filante n'a fait que de passer. Un des actes les plus répréhensibles de l'insurrection est sans contredit l'arrestation du général Chanzy et des officiers qui l'accompagnaient. Un de ces officiers se trouva être un ancien compagnon d'armes de mon frère Ulric. Il avait fait avec lui la campagne de la Shenandoah et il avait traversé l'Atlantique pour offrir son épée à la République française qui l'avait acceptée. Après une pénible campagne il venait à Paris, où il se voit arrêté comme suspect parce qu'il portait l'uniforme d'un officier français. Il ne connaissait à Paris qu'Ulric. C'est à Ulric qu'il adressa sa lettre. Il croyait que le nom d'Ulric était encore une recommandation.

Il ne savait pas que cent fanatiques se prétendant républicains auraient volontiers exécuté le crime qu'un Bonaparte avait inutilement essayé ! La lettre de ce prisonnier m'étant tombée entre les mains, je me rendis à l'ambassade et M. Washburne me pria d'accompagner, en qualité d'interprète, un attaché d'ambassade avec lequel nous allâmes fouiller les prisons. Après une triste odyssée où nous vîmes bien des choses lugubres, nous allâmes à la préfecture de police qu'occupait militairement le chef de légion Duval. Duval ne s'était point encore nommé général. Je ne sais à quel exploit fut dû cette patriotique promotion !

La préfecture de police avait été mise non-seulement en état de défense, mais encore en état de siége, et je doute que jamais sultan ait employé un pareil luxe de précautions. En effet, quiconque entrait dans l'hôtel était mis en état d'arrestation jusqu'au moment où quittant l'hôtel avec un congé en forme on était élargi. On nous remit à deux gardes très-nationaux qui nous conduisirent au chef de légion Duval, lequel nous donna un ordre pour être reconduit hors des lignes préfectorales.

Tous ces mouvements s'effectuèrent avec une régularité que je n'avais point vue ailleurs, quoique les couloirs fussent reemplis d'hommes accroupis et dormant avec leur chassepot entre les jambes.

Le chef de légion qui nous croyait américains tous deux, se montra fort courtois, fort empressé à justifier les mesures qu'il était obligé de prendre. Il s'éleva avec une indignation qui ne me parut pas feinte contre les maladroits qui avaient transféré les prisonniers en plein jour, de sorte qu'on avait eu un mal infini à les arracher à la foule qui voulait les déchirer sur place. Duval était un homme de petite taille, de bonnes manières, portant son uniforme avec aisance et facilité. Il avait l'air très-décidé, s'exprimait en excellents termes. On n'aurait pas dit que l'on avait affaire à un général improvisé.

Il n'oublia qu'une chose : demander le nom de l'interprète, qui ne l'aurait pas dissimulé. Mais je m'étais détourné sans affectation pour causer avec les deux gardes qui nous avait amenés, et Duval n'avait pas cru qu'il fût nécessaire de m'interroger. Je passais sur l'ordre d'élargissement par-dessus le marché.

*Finis coronat opus.*

---

L'*Officiel* de la Commune a publié un arrêté relatif à la constitution d'une compagnie d'aérostiers. Cet arrêté est très-injurieux pour le gouvernement de la défense nationale, que la Commune accuse d'avoir trahi aéronautiquement la patrie. L'*Officiel* prétend que cette compagnie d'aérostiers est destinée à faire des ascensions captives.

Mensonge, triple mensonge. Ces ballons serviront à expédier dans les airs les grands citoyens de la Commune, quand le terrain deviendra trop brûlant pour eux! La Commune finira comme un coup de ce grand communard qui se nommait Robert Macaire.

La Belgique et la Prusse doivent s'attendre à recevoir ces grands citoyens. Il n'y aura de pris par Versailles que ceux qui auront préféré sortir par les égouts que de s'évader par les cieux.

## FIN.

# TABLE DE MATIÈRES.

**EN VENTE AU BUREAU DU PETIT JOURNAL,**

26, rue de l'Écuyer, à Bruxelles.

---

# LES INFAMES.

---

## LOUIS-NAPOLÉON BONAPARTE. - SES COMPLICES.

---

### SOMMAIRE :

Explication indispensable au lecteur. — Sa naissance. — Son éducation. — Strasbourg. — L'or de Louis-Philippe. — Ingrat et fou. — Boulogne. — Ses tripots de Londres. — Sauvé. — L'or de Miss Howard. — 1848. — Son retour en France. — Son serment. — Son coup d'État. — Le commandant Vinoy. — Ses infamies, ses crimes, ses cruautés de décembre, ses complices : Magnan. — Fleury. — Saint-Arnaud. — Espinasse. — Morny. — M<sup>lle</sup> Montijo, sa belle-mère. — Assassinat du général Cornemuse. — Son despotisme. — Ses ambitions. — L'Empire c'est la guerre. — La Crimée. — Ses complots. — L'Hippodrome. — L'Opéra-Comique. — Pianori. — Son exécution. — Assassinat de Kelsch. — Tentative de Bellemarre. — La machine infernale. — La Marianne. — Arrestations et déportations. — Marguerite Bellanger et les papiers secrets. — L'exécution d'Orsini. — Le programme du guillotiné. — La loi de sûreté générale. — Le préfet Pougeard. — Dulimbert. — L'Italie. — Le contre-amiral Fourichon et le général Cousin-Montauban. — La Chine.

— Le Mexique. — La mort de Maximilien. — Déjà
Bazaine. — Le prince Camerata. — Son amour. — Son
assassinat. — La Prusse. — Sedan. — L'incorrigible ! ! !

**PRIX : UN FRANC.**

---

# MADAME NAPOLÉON.

---

### SOMMAIRE :

Un mot au lecteur. — Son arrivée à Paris. — Madame sa
mère. — Sa parenté. — Sa première entrevue avec
M. Napoléon. — Ses intrigues. — Son mariage. — Détails
sur sa grossesse. — Monsieur son fils. — Deux mots sur
la guerre de Crimée. — L'alliance anglaise. — Motifs du
voyage en Écosse. — Première régence. — La réaction.
— Guerre de 1870. — Fuite de Paris. — Complot
Bazaine-Boyer. — Complicité de Madame Napoléon. —
Ses manœuvres. — Séjour en Angleterre. — Ses voyages.
— Ses incognitos. — Ses visites. — Ses entrevues. —
Son entourage à Londres. — Ses projets. — Ses rêves. —
Conclusion.

**PRIX : UN FRANC.**

# L'HOMME DE METZ,

PAR

## Albert ALEXANDRE.

HUITIÈME ÉDITION.

**PRIX : UN FRANC.**